Un Conseil

POUR ETRE MOINS STRESSÉ

Hugo Image

34-36, rue La Pérouse
75116 Paris
www.hugopublishing.fr

ISBN : 9782755668759
Dépôt légal : octobre 2023
Imprimé en Chine

Après une année extrêmement difficile et stressante, nous avons tous besoin de repos, de calme, de paix et d'harmonie. Nos âmes ont besoin de se retrouver, nos corps ont besoin de se ressourcer. Plongez dans notre éphéméride *Un conseil par jour pour être moins stressé* pour vous faire du bien et pour évacuer toutes les tensions accumulées durant ces derniers mois. Massages relaxants, alimentation équilibrée, méditation, yoga, astuces zen, médecines douces… tout ce dont vous rêvez afin de repartir sur de nouvelles bases positives !

“Ce qu'un homme
ne dit pas est le sel
de la conversation.”

Proverbe japonais

Profitez de l'hiver

Arrêtez de vous morfondre parce qu'il fait froid et regardez la vie sous un autre angle : habillez-vous chaudement et profitez des opportunités de vous promener en plein air ! L'hiver et sa beauté vous offriront des sensations visuelles insoupçonnées !

1er

JANVIER

☀ 8 h 44 ☀ 17 h 04

Jour de l'an

“Il n’y a pas d’efforts inutiles, Sisyphe se faisait des muscles.”

Roger Caillois

Pensez à cuisiner la tomate

Dans les périodes de grand stress ou avant un événement qui vous rend anxieux, faites une cure de tomates : grâce à leur teneur en potassium, elles aident à réduire l'hypertension. Votre cœur aura moins tendance à s'emballer… Les tomates peuvent également agir contre la fatigue et contre les problèmes de foie. Pour quelle recette opterez-vous ce soir ? Tomates farcies ou en salade ?

2

JANVIER

8 h 44 17 h 05

St Basile

“Tant que l'homme
sera mortel, il ne sera
jamais décontracté.”

Woody Allen

N'oubliez pas les petites attentions

N'oubliez pas les fêtes et les anniversaires de vos proches. Ces attentions vous transforment lorsque vous les témoignez le coeur ouvert.

3

JANVIER

8h44 17h06

Ste Geneviève

“ Bonne est l’action qui
n’amène aucun regret et dont
le fruit est accueilli avec joie
et sérénité. ”

Bouddha

Réconciliez-vous avec les énergies !

Le Feng Shui vous apprend à organiser votre intérieur : dans la cuisine, évitez de laisser en vue les couteaux ou d'accrocher tout autre objet coupant. De même, prenez garde à la disposition de vos toilettes : les énergies Yin de l'eau souillée ne doivent pas être situées à l'étage, au-dessus des eaux de cuisson.

4
JANVIER

8 h 44 17 h 07

St Odilon

“ Ce qui compte dans l’effort,
c’est avant tout l’action,
plutôt que le résultat. ”

Ludwig van Beethoven

De l'ordre, c'est tout !

Il est très important d'avoir une maison bien rangée pour avoir un esprit bien rangé ! Donnez une place précise et logique à chaque chose dans votre logement. Pour trouver l'emplacement idéal d'un objet, rien de plus simple que de s'imaginer en situation, au moment de l'utiliser.

5

JANVIER

8 h 44 – 17 h 09

St Édouard

“ On ne vit qu’une fois.
Et encore ! ”

Marcel Achard

Cultivez vos défauts

Vous en avez marre de ne remarquer que les qualités des autres et de faire des montagnes avec vos défauts ? C'est le moment de réagir. Assumez de manière ouverte vos imperfections et transformez-les en force ! N'oubliez jamais que la différence et l'originalité sont des atouts et non des obstacles à votre bonheur !

6

JANVIER

8 h 44 · 17 h 10

Épiphanie • Ste Mélaine

“L’animal humain
se concentre tant sur le verbe
qu’il oublie que ses mouvements,
attitudes et expressions racontent
leur propre histoire.”

Desmond Morris

La détente selon les stars

Pour se détendre, Jennifer Lopez apprécie de se glisser dans un bain bien chaud ou de s'installer dans un sauna. Madonna, tout comme Gwyneth Paltrow, fait confiance au yoga pour rester zen en toutes circonstances. Nicole Kidman, Gisele Bündchen et Lucy Liu préfèrent, quant à elles, se défouler avec un jogging. Pour finir, Monica Bellucci a trouvé une solution moins fatigante, elle s'offre des soins de balnéothérapie !

7

JANVIER

8 h 43 — 17 h 11

St Raymond

> Personne n'a vécu dans
> le passé, personne ne vivra
> dans le futur ; le présent est
> le mode de toute vie.

Arthur Schopenhauer

Faites toujours la fête !

Transformez chaque repas en fête, c'est très simple : ajoutez quelques bougies et une bouteille de bon vin au dîner tout à fait ordinaire, sortez votre plus belle vaisselle et votre plus jolie nappe... Quelques fleurs et pétales de roses sur la table et le tour est joué, votre repas sera extraordinaire !

8

JANVIER

☀ 8 h 43 ☀ 17 h 12

St Lucien

“ Il n'y a qu'une morale :
vaincre tous les obstacles
qui nous empêchent
de nous surpasser. ”

Louis Pauwels

Utilisez vos bons souvenirs

Chaque moment passé en famille ou entre amis entraîne son lot de bons souvenirs. Lorsque le moral baisse ou que l'anxiété s'empare de vous, prenez le temps de vous poser et d'y repenser. Replongez-vous à 100% dans ces souvenirs et ressentez-en à nouveau les émotions. Le corps a une mémoire sensorielle des émotions positives, il serait bien dommage de ne pas en profiter !

“ Mais c’est curieux tout
de même comme nous vivons
parmi des gens pressés. ”

Albert Camus

La peur

« Qui en moi est effrayé ? », c'est la première question que vous devez vous poser en situation stressante. Il est primordial de supprimer les couches de nos croyances avant d'entamer une réflexion. Donc, que vous dit votre voix intérieure ? À qui appartient-elle ?

10

JANVIER

8 h 42 17 h 15

St Guillaume

“ Le sentiment de la profonde solitude individuelle qui est le lot de tant de vies humaines ne peut être diminué que si l'individu prend le risque d'être davantage lui-même face aux autres. ”

Carl R. Rogers

Se réveiller en douceur

Si, dès les premières notes de votre réveil, votre cerveau est opérationnel, le corps a besoin de plus de temps. Pensez à vous étirer avant de vous lever et, pourquoi pas, à effectuer quelques mouvements avec vos bras et vos jambes. Votre corps appréciera cette attention toute particulière !

11

JANVIER

8 h 42 — 17 h 16

St Paulin

“ La nuit porte conseil. ”

Ménandre

Jouez !

Il n'est jamais trop tard pour jouer !
Ressortez votre Monopoly, le jeu
de l'oie et les cartes de tarot qui vous
ont tellement fait vibrer dans le passé.
Vous verrez, le plaisir simple du jeu
apporte le bonheur et la détente.

12

JANVIER

☀ 8 h 41 ☀ 17 h 17

Ste Tatiana

“Le rire et le sommeil
sont les meilleurs remèdes
du monde.”

Proverbe irlandais

N'en faites pas une montagne

Les problèmes ne sont pas insurmontables. Si vous êtes contrarié, votre vision de la situation est biaisée. Ne vous laissez pas emporter, faites preuve de discernement pour réagir plus posément. Vous avez sûrement surpassé pires tracas, ne vous laissez pas abattre.

13

JANVIER

8 h 41 — 17 h 19

Ste Yvette

“S’il veut être en paix
avec lui-même, un musicien
doit faire de la musique,
un peintre peindre,
un poète écrire.”

Abraham Maslow

Allez-y à vélo !

Adoptez un geste écolo facile en vous rendant au travail à vélo. Un peu d'exercice le matin vous aide à garder la forme et à vous défouler. Ainsi, vous serez plus concentré au bureau. En plus, vous éviterez les embouteillages ! Laissez-vous tenter par le voyage à deux-roues !

14

JANVIER

8 h 40 17 h 20

Ste Nina

“Le bonheur vient
de l'attention aux petites choses,
et le malheur de la négligence
des petites choses.”

Xiang Xu

Être créatif

Être créatif, c'est avant tout répondre à une frustration : lorsqu'il vous manque quelque chose, vous trouvez les ressources pour pallier ce manque et trouver un remplacement, une solution qui vous donnera tout autant de plaisir. Avec un peu d'entraînement, vous vous découvrirez des talents insoupçonnés.

“ Un mot d’affection peut
réchauffer trois mois d’hiver. ”

Proverbe japonais

Se relaxer en mangeant des féculents !

La pomme de terre a des propriétés apaisantes ! Cuisinez-la en recette rapide et délicieuse, pour vous relaxer, mais également pour prendre de l'énergie avant un après-midi sportif : commencez par mélanger 20 g de fleur de maïs, une pincée de ciboulette et un demi-verre de lait. Râpez ensuite 400 g de pommes de terre et 100 g de fromage dans un récipient adéquat. Poêlez l'ensemble en formant une galette. Vous pouvez ajouter des oignons et un œuf au mélange si le cœur vous en dit. Et maintenant, régalez-vous !

16
JANVIER

8 h 39 17 h 23

St Marcel

> Chaque pas doit être un but.
>
> Jacques Chirac

Il faut un début à tout

Une idée vous trotte dans la tête mais vous n'osez pas ? Plus d'excuses, c'est aujourd'hui que vous vous jetez à l'eau : vous commencez à écrire ce livre auquel vous songez depuis des années, vous cherchez un cours de dessin qui vous correspond, vous vous renseignez pour reprendre des études, vous demandez le numéro de téléphone de ce collègue qui a de si beaux yeux... Lancez-vous, vous avez tout à y gagner !

17

JANVIER

8 h 38 — 17 h 24

Ste Roseline

“ Il n'est pas nécessaire
de rejeter toute activité, de rechercher
le silence. Il suffit de faire le vide en soi
en respectant l'harmonie de l'extérieur.
De cette façon, vous serez en paix
au milieu de l'activité frénétique
du monde. ”

Yan-Wu

Vous êtes votre propre maître

Posez-vous la question : comment voulez-vous vous sentir ? Préférez-vous être triste et déprimé ou bien ressentir la joie et être heureux ? C'est aussi simple que cela. La solution au bonheur est en vous, il suffit de déterminer comment vous voulez vous sentir pour changer votre vie. La seule personne qui crée des tragédies dans votre vie, c'est vous-même, car vous décidez d'éprouver la désespérance et la solitude. Essayez de changer, vous verrez une énorme différence.

“ Si on veut obtenir quelque
chose que l’on n’a jamais eu,
il faut tenter quelque chose
que l’on n’a jamais fait. ”

Périclès

Les phrases magiques

Répétez-vous plusieurs fois par jour
les phrases suivantes :
— Je mérite d'être heureux !
— Je peux tout réussir !
— Je me pardonne !
— J'ai le pouvoir d'évoluer !
— Je mérite d'être aimé !
— Je m'aime sans conditions !
— Je suis comme je suis,
et je m'accepte !

19
JANVIER
8 h 36 — 17 h 27
St Marius

“ Le malheur peut être
un pont vers le bonheur. ”

Sagesse zen

Changez de vie

Calmer son esprit, porter toute
son attention sur ses gestes,
être pleinement conscient de l'instant
présent est une façon de célébrer
la vie. Essayez de le mettre en pratique
dans votre quotidien, ne serait-ce que
par de petites touches. Votre vie
se verra transformée !

20
JANVIER

8 h 35 17 h 29

St Sébastien

“ Il n'y a pas de honte
à préférer le bonheur ! ”

Albert Camus

Rebelle que vous êtes !

Aujourd'hui, décidez de ne pas respecter trois choses que vous faites habituellement : habillez-vous de manière plus qu'originale, dites une phrase inattendue à un inconnu, posez une question hyper dérangeante à votre conjoint… Casser la routine grâce à des changements même anodins permet de repartir sur de nouvelles bases.

21

JANVIER

8 h 34 — 17 h 30

Ste Agnès

“Dans 20 ans, vous serez
plus déçu par les choses que
vous n'avez pas faites que
par celles que vous avez faites.
Alors sortez des sentiers battus.
Mettez les voiles. Explorez.
Rêvez. Découvrez.”

Mark Twain

Stop aux pellicules

Les pellicules peuvent être source de stress, tellement elles sont disgracieuses et gênantes. Débarrassez-vous en avec un masque. Mélangez cinq cuillerées à soupe d'huile d'olive avec trois gouttes des huiles essentielles suivantes : citron, girofle et thym. Appliquez sur les cheveux en effectuant un doux massage. Laissez agir un quart d'heure, puis faites votre shampooing comme d'habitude.

* Réalisez toujours un test allergique avant d'utiliser les huiles essentielles en appliquant préalablement une petite goutte sur le poignet.

22

JANVIER

8 h 33 17 h 32

St Vincent

“Vivre est ce qu'il y a de plus rare au monde. La plupart des gens existent. C'est tout.”

Oscar Wilde

Comment reconnaître l'anxiété ?

Si vous repérez ces symptômes, il serait judicieux de faire un point sur votre vie et de vous occuper de votre corps et de votre esprit :

- Fatigue, difficulté à s'endormir, sommeil non réparateur, maux de tête, étourdissements, vertiges ou impression d'évanouissement imminent, nausées, diarrhée, palpitations cardiaques, sensation d'étouffement, frissons, bouffées de chaleur, serrements à la poitrine, difficulté à se concentrer, picotements, peur de la maladie, peur de mourir…

23

JANVIER

☀ 8 h 32 ☀ 17 h 33

St Barnard

“ Le meilleur chemin
est toujours celui qui
est le plus direct. ”

Robert Frost

Miroir, miroir !

Aujourd'hui, prenez le temps de vous regarder dans le miroir et dites-vous à voix haute tous les compliments que vous rêvez d'entendre. Vous êtes une belle personne, forte, bienveillante, généreuse, douce, respectueuse… Oui, vous possédez bien des qualités !

24

JANVIER

8 h 31 17 h 35

St François de Sales

« L'eau prend toujours
la forme du vase. »

Proverbe japonais

Astuce méditative

Tout ce dont vous avez besoin, c'est d'accepter ce qui est, ce qui se passe ici et maintenant. Vous serez en accord avec l'instant présent et avec vous-même. La paix intérieure vous remplira.

25
JANVIER

☀ 8 h 30 ☀ 17 h 36

Conversion de St Paul

“ Qui a confiance en
soi conduit les autres. ”

Horace

Libérer sa tête

Si vous avez la tête lourde, voici un geste simple pour vous libérer des tensions : enlevez tout ce que vous avez sur vous : chapeau, bandeau, élastiques, barrettes ou autres accessoires. Ensuite, secouez la tête librement dans tous les sens. Effet libérateur et reposant garanti !

26
JANVIER

☀ 8 h 29 ☀ 17 h 38

Ste Paule, Ste Pauline

“Les hommes sont comme
cela : quand ils marchent,
ils regardent devant eux.
Ils n'avancent pas en
fixant leurs pieds.”

Éric-Emmanuel Schmitt

Le rituel du coucher

Le soir, instaurez un rituel de calme pour plonger détendu dans les bras de Morphée : buvez une tisane, faites brûler de l'encens, allumez une bougie, écoutez de la musique reposante, regardez les étoiles, écrivez un poème… Laissez libre cours à votre inspiration.

27
JANVIER

8 h 28 17 h 40

Ste Angèle

“ Le stressé respire
du stress et alimente
ainsi sa boucle. ”

Anonyme

Lavande aquatique

Vous rentrez d'une journée harassante, il ne reste plus qu'à vous faire couler un bon bain et à y verser quelques gouttes d'huile essentielle de lavande. En plus de la bonne odeur qui s'en dégage, cela vous relaxera et vous soulagera de vos tensions. À prendre juste avant de se coucher pour s'endormir zen.

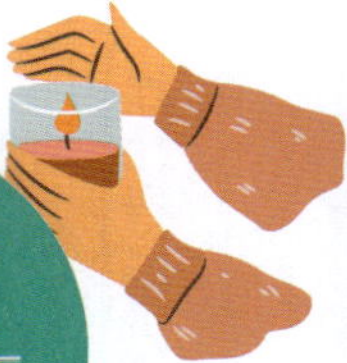

28

JANVIER

8 h 27 — 17 h 41

St Thomas d'Aquin

“Celui qui va lentement arrivera rapidement.”

Milarépa

Sacrée amitié

Quelques minutes d'échange
avec un véritable ami, quelques
moments de partage, de confidence,
de rire, et vous voilà rempli de joie,
de bonne humeur et de belle énergie.
Même si vous êtes débordé,
n'oubliez pas les vraies
valeurs de l'amitié !

29
JANVIER
8 h 25 · 17 h 43
St Gildas

“Celui qui marche droit
trouve toujours la route
assez large.”

Proverbe breton

Purification grâce aux myrtilles !

Elles ont un fort pouvoir antioxydant et vous aideront à limiter votre taux de diabète et de cholestérol. Les myrtilles régulent également vos défenses immunitaires. Multipliez leur action en les accompagnant de graines de lin. Ces céréales contiennent des acides gras qui équilibrent la tension artérielle et les graisses dans le sang.

30

JANVIER

8 h 24 17 h 44

Ste Martine

“L’idéal est pour nous ce
qu’est une étoile pour le marin.
Il ne peut être atteint mais
il demeure un guide.”

Albert Schweitzer

Prenez le temps de savourer

Savourer la nourriture que l'on consomme, savourer la musique que l'on aime, savourer les promenades que l'on fait, savourer les douches que l'on prend… savourer la vie, sans limites !

31

JANVIER

☀ 8 h 23 ☀ 17 h 46

Ste Marcelle

“ Ne laisse personne venir à toi et repartir sans être plus heureux. ”

Mère Teresa

Consommez de la bette à carde

Légume vert à feuilles, la bette à carde regorge de nutriments contre le stress. Riche en magnésium, elle réduit l'anxiété et se révèle efficace contre les émotions débordantes. On vous conseille de prendre une portion de 200 grammes de blettes par jour pour recevoir 40 % de l'apport journalier recommandé en magnésium.

« L'absent s'éloigne
chaque jour. »

Proverbe japonais

Effacez la fatigue

Une posture très appréciable
pour soulager les jambes lourdes
et effacer la fatigue de la journée :
allongez-vous sur le sol, puis posez vos
jambes à la verticale de façon à former
un angle de 90° avec votre corps. Fermez
les yeux et laissez-vous porter...

2

FÉVRIER

8 h 20 17 h 49

Présentation du Seigneur

“ Mettez-vous toujours
à la place de l’autre. Renoncez
un temps à vos opinions, à vos
jugements afin de le comprendre.
Bien des conflits peuvent
ainsi être évités. ”

Sagesse populaire

La pierre du soleil

Le rubis est la pierre précieuse
du soleil, elle apporte de l'énergie,
du dynamisme, de l'estime de soi
et des relations positives. Portez-le
en pendentif, à la hauteur du centre
de votre poitrine, au niveau
du chakra du coeur.

3

FÉVRIER

8 h 19 17 h 51

St Blaise

“ La vie est présence,
ne l'oublie jamais. ”

Sagesse populaire

En pleine conscience

Ce soir, avant de dormir, fermez les yeux et allongez-vous confortablement sur le dos. Portez votre attention sur les différentes parties de votre corps, du bas vers le haut : pieds, jambes, abdomen, torse, bras, mains, tête, etc. Le but de cet exercice est de ressentir toute l'énergie vitale présente dans chaque partie de votre organisme. Ensuite, laissez votre attention parcourir l'ensemble de votre corps, comme une vague des pieds à la tête, puis inversement.

4

FÉVRIER

8 h 17 — 17 h 53

Ste Véronique

“ On sait si on a été heureux
ou pas, le jour où on a assez
de temps à perdre pour
se poser la question. ”

Jim Fergus

Ne perdez pas votre temps !

La plupart des couples vivent dans un manque de communication qui conduit bien souvent à l'incompréhension et à la rupture. Pour arriver à vous exprimer et trouver l'équilibre, offrez-vous mutuellement un temps de parole chronométré pour exprimer tout ce qui vous tient à coeur.

“ Vivons. C’est tout. ”

Anonyme

En harmonie avec la nature

Tout un programme : associer les murmures de la nature à des extraits musicaux, c'est ce que vous propose la musicothérapie. Inconsciemment, vous ouvrirez vos canaux de communication. Après une phase d'apaisement et de relaxation, l'organisme est redynamisé. Écoutez le vent, l'eau ou les oiseaux : un pur instant de détente.

6
FÉVRIER

8 h 14 17 h 56

St Gaston

« Le fait qu'il soit mort
ne prouve pas qu'il ait vécu. »

Stanislaw Jerzy Lec

Un peu de gras, c'est permis

Oui, mais en mangeant non pas des hamburgers/ frites mais des poissons dits gras, comme le saumon ou le hareng, ainsi que des avocats ou des cacahuètes. Point commun de ces aliments : la vitamine F qui donne de l'énergie et qui est aussi bonne pour les reins que pour le foie et le cœur.

“L’alimentation
est la première des
médecines.”

Les Upanishad

Oui aux patates douces !

Les patates douces réduisent le niveau de cortisol, l'hormone responsable du stress. De plus, le stress installé provoque une surproduction de cortisol ce qui pourrait entraîner inflammation, fatigue et autres douleurs. Les patates douces sont pleines de bons glucides et de bons nutriments pour contrer le stress, comme le potassium et la vitamine C.

8

FÉVRIER

☀ 8 h 11 ☀ 17 h 59

Ste Jacqueline

“ Le sourire que tu envoies…
revient vers toi. ”

Sagesse hindoue

Une douche thalasso à la maison !

La douche thalasso permet de donner
un bon coup de fouet à l'organisme.
Glissez-vous donc dans un bain tiède, à 35-37°C.
À l'aide d'un jet d'eau chaude, 39-40°C,
massez-vous pendant un petit quart d'heure
les bras, les reins, le ventre et les jambes. Cela
vous permettra d'améliorer le travail digestif,
le fonctionnement des reins et la circulation.
Cette douche est toutefois à éviter pendant
la grossesse et en période de règles.

9

FÉVRIER

8 h 10 18 h 01

Ste Apolline

“ Sache-le : la force est en toi
dans ton cœur et dans ton corps.
Crois en toi, crois en les autres. ”

Sœur Emmanuelle

Allongez votre silhouette

Petit exercice pour des muscles détendus et une ligne épurée. Debout, devant un bureau ou une chaise, posez un pied dessus en gardant la jambe tendue. Déployez vos bras vers le ciel le plus haut possible. Soufflez et passez à l'autre jambe.

“ La plus grande chose
du monde, c'est de savoir
être à soi. ”

Michel de Montaigne

Oui au hammam

La chaleur est un bon moyen de se détendre, mais pas n'importe laquelle. La meilleure est sans conteste celle des hammams, lieux de plénitude, où se dégage une vapeur aux environs de 50 °C, alliée à un taux d'humidité qui relâchera complètement vos muscles. Ne prévoyez rien après ce bain de vapeur car vous n'aurez aucune force, mais en contrepartie, un mental d'acier.

11

FÉVRIER

8h06 18h04

Notre-Dame de Lourdes

“Je regarde mon monde.
Tout collabore à ma vie et à ma force.
Je regarde le système qui supporte
l'air et l'eau, la chaleur et le froid,
la lumière et l'obscurité.
Tout contribue à mon
bien-être.”

Saint Ignace de Loyola

Un chat pour être relax

C'est prouvé, le ronronnement du chat procure la relaxation, la douceur de ses poils apporte un apaisement de tous les instants. En plus de sa compagnie dans les moments de solitude, le chat chassera une grande partie du stress qui ronge votre bonne humeur.

12
FÉVRIER

8 h 05 18 h 06

St Félix

“ Le moment présent
est la piste désignée à tout
nouveau départ. ”

Louis-Marie Parent

Bouillon de détente

Si vous avez la chance de passer une journée dans un spa, profitez des bains bouillonnants ! Attention à ne pas vous endormir dedans car ils apportent une réelle détente qui vous fera oublier tout le reste. Voyez comme une simple émulsion d'air et d'eau chaude vous réconfortera et embellira votre peau.

13

FÉVRIER

8h03 18h08

Ste Béatrice

“ L'homme est parfois
assez fou pour préférer
le chagrin à l'oubli. ”

Maurice Chapelan

Décidez (enfin) de vous aimer

Et si cette année, pour la fête des amoureux, vous décidiez de vous aimer ? L'amour de soi n'est pas du narcissisme, il est même primordial pour votre bien-être. Vous passez tout votre temps avec vous-même, il est donc logique de vous aimer en priorité pour pouvoir aimer les autres...

14
FÉVRIER
8 h 01 · 18 h 09
St Valentin

« Il faudrait essayer d'être heureux, ne serait-ce que pour donner l'exemple. »

Jacques Prévert

Marcher pour être bien

Pour se maintenir en forme,
on recommande au minimum 30 minutes
de marche par jour. Mais saviez-vous
que marcher aide aussi à se sentir joyeux ?
En effet, la marche est une pratique
apaisante qui contribue à la sécrétion
d'endorphines, ces fameuses
hormones qui sont à l'origine
du bien-être et de la
bonne humeur !

15
FÉVRIER

8h00 18h11

St Claude

« Avec trop on se perd.
Avec moins on se trouve. »

Tchouang Tseu

Tonifiez votre corps !

En position debout, vos pieds sont écartés d'environ 1 mètre. Coté gauche : le pied est perpendiculaire au droit, tourné vers l'extérieur. Votre bras est tendu latéralement. Côté droit : le bras est tendu verticalement, collé à votre oreille. Expirez et penchez votre corps latéralement vers la gauche, en essayant d'attraper le mollet ou la cheville. Faites la même chose du côté droit et recommencez 10 fois, sur chaque jambe. Cet exercice, s'il est pratiqué quotidiennement, permet de garder la forme car il étire à la fois la colonne et la cage thoracique.

« C'est dur d'échouer,
mais c'est pire de n'avoir
jamais essayé de réussir. »

Theodore Roosevelt

Découvrez ce qui vous fait du bien

Pour certains, la détente passe par le sport, pour d'autres par le yoga ou les promenades. Et pour vous ? Vous ne le savez pas ? Alors, essayez diverses méthodes : cours de relaxation, club de sport, séance de cuisine, balade au bord de l'eau… C'est à vous de découvrir ce qui vous détend pour savoir où vous réfugier en cas de pic de stress !

17

FÉVRIER

7 h 56 — 18 h 14

St Alexis

> « Ce qu'on ne veut pas savoir de soi-même finit par arriver de l'extérieur comme un destin. »

Carl Gustav Jung

Si vous travaillez devant un écran

Il est bon de savoir que l'écran ne doit pas être placé devant une fenêtre pour ne pas fatiguer vos yeux et que l'éclairage doit être perpendiculaire à votre poste de travail.

18

FÉVRIER

☀ 7 h 54 ☀ 18 h 16

Ste Bernadette

“Votre situation actuelle
ne reflète pas votre
potentiel ultime.”

Anthony Robbins

Le kimchi

Connaissez-vous le kimchi ? Préparation d'origine coréenne fabriquée avec des légumes fermentés (chou napa et daikon), elle est très riche en probiotiques (bons pour l'humeur), en minéraux, antioxydants et vitamines. Le kimchi est très efficace en cas de phobie sociale, à tester sans hésiter.

“ Il faut se laver les yeux
avant chaque regard. ”

Proverbe arabe

Pas de visage crispé s'il vous plaît !

Voici comment détendre la mâchoire et dissiper les blocages au niveau des maxillaires : placez le pouce et l'index de la main gauche sur les points du menton et du nez. Puis, appuyez avec vos deux majeurs de chaque côté des tempes. Fermez les yeux et relaxez-vous pendant une minute.

20

FÉVRIER

☀ 7 h 51 ☀ 18 h 19

Ste Aimée

“Quand on ose,
on se trompe souvent.
Quand on n'ose pas,
on se trompe toujours.”

Romain Rolland

Une chose à la fois

Faire une chose à la fois
permet de se plonger entièrement
dans ce que vous faites et de le réaliser
à fond. C'est accorder votre attention
au moment présent et le vivre.
C'est agir dans le lâcher-prise.

“ Sachez vous éloigner,
car lorsque vous reviendrez
à votre travail, votre jugement
sera bien plus sûr. ”

Léonard de Vinci

La phrase du jour

Si vous ne voulez plus
être jugé par les autres,
commencez par cesser
de vous juger !

« Il y a ce qui nous tourmente plus qu'il n'est nécessaire, ce qui nous tourmente avant qu'il soit nécessaire, ce qui nous tourmente alors que ce n'est absolument pas nécessaire. Notre douleur, nous l'augmentons, nous l'anticipons, nous l'inventons. »

Sénèque

Un stylo et c'est tout

Vous le savez, l'inspiration peut venir n'importe quand, entraînée par des voyages, des rencontres ou même des rêves… Gardez toujours sur vous un carnet et un stylo. Ils vous permettront de coucher par écrit toutes les bonnes idées qui peuvent vous tomber dessus à tout moment et ceci, sans prévenir.

23

FÉVRIER

7 h 45 — 18 h 24

St Lazare

“ Le standard que vous dépassez est le standard que vous acceptez. ”

David Hurley

Le vert

Si vous êtes à la recherche
de calme et souhaitez apaiser
vos nerfs, optez pour le vert !
Le vert est la couleur de l'équilibre,
de l'harmonie, de la nature. Il calme,
réconforte, détend et est idéal
pour combattre l'insomnie.

24

FÉVRIER

☀ 7 h 43 ☀ 18 h 25

St Modeste

“ Le calme vient
après la tempête. ”

Proverbe populaire

Ici, là, Tout de suite !

Les bouddhistes disent que
le passé et l'avenir n'existent pas.
Et ils ont bien raison. Le seul moment
qui compte est celui du présent. Vous ne
pouvez pas revenir dans le passé, vous
ne pouvez pas non plus vivre dans le
futur. Donc, posez-vous dans l'instant,
c'est la seule façon d'être vivant.

25
FÉVRIER

7 h 41 18 h 27

St Roméo

“ Vous avez eu la chance
unique de prendre forme humaine.
S'il vous plaît, ne perdez pas
votre temps. ”

Dogen Zenji

Les artichauts

Très riches en prébiotiques, les artichauts sont bénéfiques aux intestins notamment grâce à leur teneur élevée en fibres. Légume de prédilection du printemps, c'est également un légume détox très prisé pour retrouver la ligne et purifier le corps des toxines.

26

FÉVRIER

7 h 39 18 h 29

St Nestor

“Trop tendue, la corde casse.”

Proverbe français

L'organisation : clé de la réussite

Pour être à l'aise dans votre travail, soyez organisé, de manière à ne jamais être pris au dépourvu. Remplissez sérieusement votre agenda et respectez-le. Si vous ne savez plus où donner de la tête, demandez à votre collègue de vous aider, ne vous laissez surtout pas étouffer par trop de travail. Et ne culpabilisez pas de prendre des pauses, elles sont essentielles à votre efficacité.

27

FÉVRIER

7 h 37 18 h 30

Ste Honorine

“ Je suis le maître
de mon destin ;
je suis le capitaine
de mon âme. ”

William Henley

Personne n'est parfait

Acceptez-vous tel que
vous êtes, avec vos forces
et faiblesses, et cherchez à évoluer.
C'est le chemin vers le bonheur !

“ On peut aussi bien prier une sardine, ce n’est qu’une question de foi. ”

Proverbe japonais

Soirée en amoureux

Journée haute en couleur et en émotions ? Vous avez besoin d'une soirée cocooning, en compagnie de votre moitié. Règles à respecter : barricadez-vous, débranchez le téléphone, préparez un plateau avec toutes les gourmandises préférées de l'un et l'autre, agrémentées de quelques coupes de champagne. Pas besoin d'aller dans un restaurant branché pour passer un merveilleux moment !

29

FÉVRIER

7 h 35 18 h 33

St Auguste

“La marche n’est pas
une simple thérapeutique mais
une activité poétique qui peut guérir
le monde de ses mots.”

Bruce Chatwin

Les prébiotiques et le stress

Des études ont prouvé que consommer au moins 5 grammes de prébiotiques par jour permet de réduire des symptômes anxieux et dépressifs.

« Le secret du bonheur
c'est l'alignement entre ce
que vous pensez, ce que vous
dites et ce que vous faites. »

Gandhi

Infusion bien-être réconfortante

La vanille est un puissant euphorisant. Si vous avez le moral dans les chaussettes, essayez cette infusion réconfortante :

Mélangez :

- 8 étoiles d'anis pour la bonne humeur ;
- 4 bâtons de cannelle qui réchauffent ;
- 1 poignée de clous de girofle, épice légèrement sédative ;
- 1 gousse de vanille pour ses propriétés euphorisantes.

Faites infuser dans 300 ml d'eau pendant une dizaine de minutes, sucrez un peu et dégustez.

2

MARS

☀ 7 h 32 ☀ 18 h 35

St Charles le Bon

“ Le dard du mépris perce
l’écaille de la tortue. ”

Proverbe indien

Les œufs

Ils regorgent d'antioxydants, de vitamines, de minéraux, d'acides aminés et surtout de choline, nutriment qui joue un rôle primordial dans la santé mentale. Vous savez donc ce qu'il faut rajouter à votre petit-déjeuner.

3

MARS

☀ 7 h 30 ☀ 18 h 37

St Guénolé

“ Celui qui se connaît lui-même est sage. ”

Lao Tseu

Offrir et recevoir de la tendresse

Avant de vous coucher et même si vous êtes épuisé, prenez le temps de partager un moment tendre avec vos proches. Caressez les cheveux de votre enfant pour l'endormir, cherchez le contact avec votre conjoint… vous pouvez même offrir un câlin à votre chat ! Son ronronnement vous calmera et votre nuit ne sera que plus douce.

4

MARS

☀ 7 h 28 ☀ 18 h 38

St Casimir

« Si tu es pressé,
fais un détour. »

Proverbe japonais

Retrouvez votre jeunesse !

- Allez vous délasser à la piscine.
- Faites un dessin enfantin.
- Achetez-vous des bonbons.
- Marchez en sautillant, comme lorsque vous aviez 5 ans.

> “Celui qui surpasse
> les autres est fort.
> Celui qui se surpasse lui-même
> est encore plus puissant.”

Proverbe chinois

Pas de stress !

Chassez le stress et remplissez-vous d'énergie positive en faisant ce petit exercice de respiration.
Inspirez profondément en gonflant le ventre au maximum. Expirez ensuite en le rentrant complètement. Répétez plusieurs fois. Cela permet d'abord de se détendre et, à long terme, de muscler le ventre.

6
MARS

7 h 24 18 h 41

Ste Colette

“ Les bonnes doctrines peuvent
se passer de miracles. ”

Proverbe japonais

Les sentiments négatifs ne sont que du vent !

Il est possible de dominer ses sentiments négatifs. Le maître bouddhiste Khyentsé Rinpoché enseigne : Dès qu'une colère apparaît, reconnaissez sa nature de vacuité. Elle perdra aussitôt le pouvoir de susciter la pensée suivante, et la chaîne de l'illusion prendra fin. Voilà un bon moyen de remédier à ce qui a causé autant de haine chez vous, et vous permettre ainsi de prendre les bonnes décisions.

7

MARS

7 h 22 18 h 43

Ste Félicité

« Le commencement
de bien vivre,
c'est de bien écouter. »

Plutarque

Les fruits de mer

On ne le répétera jamais assez, les coquillages sont excellents pour vous sentir en forme et de bonne humeur. Ne vous privez pas des moules, des huîtres, des palourdes, bourrées de taurine, un acide aminé qui produit de la dopamine.

8

MARS

7h19 18h44

St Jean de Dieu

“ La voix de Dieu est silencieuse,
elle exerce une pression infiniment
légère, jamais irrésistible,
Dieu ne donne pas des ordres,
il lance des appels... ”

Paul Evdokimov

Faites la paix avec votre passé

Pour aller de l'avant et mieux avancer, il est important de faire la paix avec votre passé. Sachez que vos frustrations actuelles, vos angoisses ou ce mal-être sourd au fond de vous peuvent très bien venir de votre passé. Ce sont des obstacles à votre bonheur. Parler de ce qui vous préoccupe pour le comprendre et ainsi vous en affranchir, c'est aussi un signe de maturité !

9

MARS

7h17 18h46

Ste Françoise

“

Demain est la chose
la plus importante de la vie.
Il nous arrive à minuit encore
tout propre. Quand il arrive, il est
parfait et il se blottit dans nos
mains en espérant que l’on a tiré
quelque leçon de la veille.

”

John Wayne

Un bain de camomille

Pour vous régénérer et vous relaxer complètement, pensez au bain de camomille. Faites infuser pendant 20 minutes une grosse poignée de camomille dans un litre d'eau bouillante. Puis, filtrez le liquide obtenu et versez-le dans l'eau de votre bain. Il ne vous reste plus qu'à savourer une demi-heure de sérénité !

“ Chacun vaut ce que
valent les objectifs
de son effort. ”

Marc-Aurèle

Adoptez la douche froide

Pour diminuer la cellulite,
terminez votre douche par un jet
d'eau froide depuis les chevilles,
en remontant le long des cuisses,
jusqu'aux fesses et aux hanches.

11

MARS

☀ 7 h 13 ☀ 18 h 49

Ste Rosine

“On ne peut admirer
en même temps la lune,
la neige et les fleurs.”

Proverbe japonais

Le mot magique

Pensez à dire « merci » dès que l'occasion se présente : la reconnaissance est au coeur de toutes les religions, de toutes les spiritualités. Remercier aide à s'ouvrir aux autres, à détourner l'attention de l'ego, à partager, échanger, transmettre... Accepter de faire partie du monde permet de se focaliser sur les choses positives de la vie.

12
MARS
7h11 18h51
Ste Justine

“Plus on prend de la hauteur
et plus on voit loin.”

Proverbe chinois

Mieux respirer pour être calme

Fixez un point précis en assurant une respiration ventrale. Au bout de 2 minutes, fermez les yeux et posez vos paumes contre vos oreilles. Inspirez par le nez, lentement, et retenez votre souffle. Expirez ensuite par le nez, tout en créant un bourdonnement aigu avec vos cordes vocales à la manière d'une abeille. Renouvelez l'exercice une dizaine de fois.

13
MARS

7h09 18h52

St Rodrigue

“ L'*homo consumes* vit dans l'illusion du bonheur, tout en souffrant inconsciemment de son ennui et de sa passivité. Plus il détient de pouvoir sur les machines, et plus il devient impuissant en tant qu'être humain ; plus il consomme et plus il devient esclave de ses besoins croissants créés et manipulés par le système industriel. ”

Erich Fromm

Eteignez vos angoisses

La psychologue Marielle Jimenez Destefanis a une technique bien spécifique pour évacuer le stress : Faites le vide en vous concentrant sur une bougie. Fixez-la. Quand vous soufflerez la flamme, prenez un nouveau départ dans votre journée, l'anxiété se sera éteinte avec elle. Elle conseille ensuite de prendre un bon livre ou de regarder un film pour transposer ses soucis sur un personnage et ainsi évacuer les siens.

14
MARS
7 h 07 — 18 h 54
Ste Mathilde

“ L’homme de bien cherche
en lui-même, l’homme mesquin
cherche chez autrui. ”

Confucius

Contre la fatigue nerveuse

Si vous vous sentez fatigué nerveusement, misez sur les huiles essentielles relaxantes de lavande, de néroli, de sauge sclarée, de romarin ou de basilic.

“ Il n’existe rien de constant
si ce n’est le changement. ”

Bouddha

Analysez vos rêves

Pendant la nuit, les souvenirs récents ou lointains se mélangent et les rêves vous livrent une part insoupçonnable de vous-même. Pour percer leurs secrets, il faut d'abord les noter, dès le réveil. Dormez avec un carnet à portée de main et découvrez ce que cache votre inconscient, pour mieux comprendre vos réactions.

16
MARS

7h03 18h57

Ste Bénédicte

“ La chose la plus difficile
est de n’attribuer aucune
importance aux choses qui n’ont
aucune importance. ”

Charles de Gaulle

Dans la peau de l'autre

Pour faire le point sur les relations que vous entretenez avec les autres, voici un simple exercice. Aujourd'hui, demandez à trois inconnus des renseignements sur un bus, le nom d'un monument, les horaires d'ouverture d'une boutique… la liste est longue. En écoutant leur réponse, concentrez-vous sur votre propre comportement et vos réactions. Êtes-vous souriant ? Avenant ? Prédisposé à écouter et à transmettre une bonne énergie ? Ce sont de bonnes indications de la qualité de votre relation avec les autres, inconnus ou pas !

17
MARS

7 h 01 — 18 h 58

St Patrick

« Choisissez une étoile,
ne la quittez pas des yeux.
Elle vous fera avancer loin,
sans fatigue et sans peine. »

Alexandra David-Néel

La zenitude est dans votre assiette

Vous le savez probablement, une bonne alimentation est primordiale pour se sentir en forme et pour garder le moral. Mais certains aliments sont plus conseillés que d'autres, spécialement ceux qui sont riches en oméga-3, en vitamines B9, B12, B6, D et en tryptophane : poissons gras, noix, bananes, chocolat noir, oeufs, légumineuses, légumes et fruits frais de saison…

« Le courage est comme un muscle. On le renforce en le travaillant. »

Ruth Gordon

Attention au taux de zinc !

Des études japonaises ont conclu qu'un faible taux de zinc, de cuivre et de manganèse augmente le risque de dépression et d'anxiété. N'hésitez pas à consommer des nutriments qui en contiennent comme les coquillages, le jaune d'oeuf, la viande rouge...

19
MARS
6 h 57 19 h 01
St Joseph

“ Vous ne pouvez pas
empêcher les oiseaux
de la tristesse de voler au-dessus
de vos têtes, mais vous pouvez
les empêcher de faire leurs
nids dans vos cheveux. ”

Proverbe chinois

Vous vous sentez morose ?

Si vous êtes envahi par le stress et les tensions du quotidien, pensez à vos prochaines vacances. Si elles ne sont toujours pas organisées, évadez-vous quelques instants et portez attention à vos désirs : où voulez-vous partir, avec qui, quand ? Est-ce un projet réalisable et si oui, comment ? Coup de boost assuré !

20

MARS

6h55 19h03

Printemps • St Herbert

“ L’obstination est le chemin de la réussite. ”

Charlie Chaplin

Les humeurs des couleurs

Les couleurs sont yin ou yang :

- Orange : Yang. Énergie rayonnante. Enthousiasme, curiosité, favorise les changements de cycle.
- Noir : Yin. Énergie d'intériorité. Épure, gravité, favorise le sens de la mesure.
- Blanc : Yang. Énergie de la pureté. Clarté mentale, sobriété, favorise l'ouverture de l'esprit.

21
MARS

6 h 52 19 h 04

Ste Clémence

- Rouge : Yang. Énergie concrète. Sensualité, ardeur, favorise les échanges passionnés.
- Jaune : Yang. Énergie du renouveau. Transformation, libération, favorise le travail intellectuel.
- Vert : Yin. Énergie de sérénité. Quiétude, abondance, favorise les initiatives justes.
- Bleu : Yin. Énergie spirituelle. Sérénité, intuition, favorise l'ouverture de la conscience et du cœur.
- Marron : Yin. Énergie d'ancrage. Confort, sécurité, favorise la réflexion pragmatique.

Le Top 10 des aliments anti-déprime

1. Saumon
2. Graines de lin
3. Bananes
4. Chocolat noir
5. Fruits séchés
6. Légumineuses
7. oeufs
8. Noix du Brésil
9. Légumes verts
10. Agrumes

22

MARS

6 h 50 — 19 h 06

Ste Léa

“Si un problème a une solution, alors il est inutile de s'en inquiéter ; s'il n'en a pas, s'inquiéter n'y changera rien.”

Proverbe populaire

Tonifiez votre visage

Pour drainer et stimuler la microcirculation de la zone du visage, effectuez des pincements secs avec le bout des doigts sur tout le visage, sauf sur le contour des yeux.

23

MARS

6 h 48 19 h 07

St Victorien

“ L'homme ordinaire
ne se préoccupe que de passer
le temps, l'homme de talent
que de l'employer. ”

Arthur Schopenhauer

La cure magique

Pour retrouver votre énergie, faites une cure de jus de bouleau pendant trois semaines :

- Diluez une cuillerée à soupe dans un verre d'eau et buvez la potion avant de manger.
- Tout au long de la journée, buvez 1 litre d'eau minérale mélangée à un peu de jus de bouleau.

“ La seule grandeur
authentique,
celle de l’effort. ”

Gilbert Choquette

Ayez un bon mental !

Même si vous l'avez déjà
entendu de nombreuses fois,
avoir un mental positif est la base
de toutes les pensées et actions.
Si vous apprenez à maîtriser et à
améliorer votre capacité à percevoir
les choses, le monde sera à vous
tel que vous le désirez.

25
MARS

☀ 6 h 44 ☀ 19 h 10

St Humbert

“L’espace d’une vie
est le même, qu’on le passe
en chantant ou en pleurant.”

Proverbe japonais

Bain anti-stress

Mélangez une cuillère à soupe d'huile d'amande douce avec 5 gouttes d'huile essentielle de bois de rose, 5 gouttes d'huile essentielle de camomille noble et 3 gouttes d'huile essentielle de lavande vraie. Ajoutez ce mélange dans l'eau du bain, dont la température devra être de 37°C pour favoriser la relaxation. Respirez profondément et délassez-vous pendant une vingtaine de minutes.

26

MARS

6h42 19h12

Ste Larissa

« C'est par la foi que
l'on peut traverser les courants.
Et c'est par la sagesse que
l'on obtient la pureté. »

Bouddha

Evadez-vous

Si vous travaillez dans un bureau, décorez-le de façon à pouvoir toujours vous relaxer. Affichez un beau poème sur le mur, collez un paysage magnifique, décorez-le avec des plantes ou des fleurs, ayez à portée de main un objet qui vous est cher et vous permet de combattre la fatigue et le stress. À chaque fois que vous ressentirez le besoin, vous pourrez vous accorder quelques minutes d'évasion.

“

Il n’existe aucun sentiment,
en dehors des deux extrêmes
que sont la peur et la douleur,
qui ne trouve un soulagement
dans la musique.

”

George Eliot

Savoir dire non

Votre bureau déborde de dossiers, vous ne savez plus où donner de la tête et vous devez former la nouvelle stagiaire... Stop ! Déléguez ou jouez cartes sur table avec votre patron, qui préférera largement un travail bien fait à un travail bâclé sous le coup de la pression.

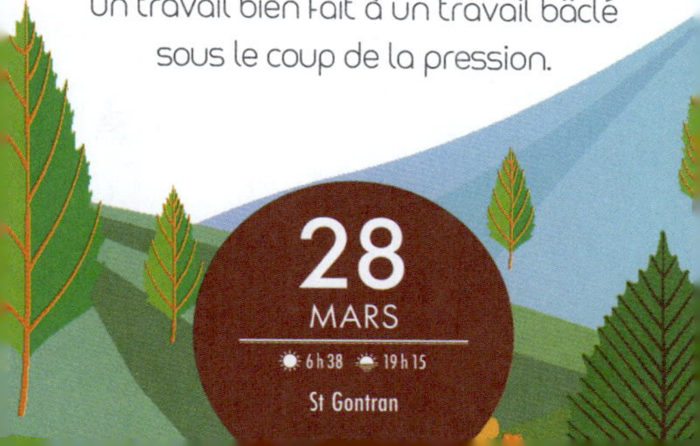

28
MARS

6h38 19h15

St Gontran

« Choisissez un travail
que vous aimez : vous n'aurez
pas à travailler un seul jour
de votre vie. »

Confucius

Exercice de légèreté

Les tensions viennent généralement se greffer dans les épaules et le cou. Pour les soulager, imaginez que vous portez dans chaque main une bonbonne de gaz, sentez le poids de chacune d'elles tirant sur vos épaules. Libérez-vous de ces charges et sentez le bien-être que cela vous procure. Idéalement, faites cet exercice 5 fois de suite.

29
MARS

7 h 36 20 h 16

Ste Gladys

“Ce qui préserve le présent
de la plupart des hommes,
c’est l’oubli du passé.”

Adrienne Choquette

Halte à la colère

Pour combattre la colère, essayez cette méthode bouddhiste : posez-vous pendant quelques minutes pour l'analyser et la situer physiquement. Est-elle située dans votre tête, votre poitrine ou votre coeur ? Puis, donnez-lui une couleur selon votre ressenti : jaune, verte, bleue... Ensuite, enlevez-lui le pouvoir de vous dominer !

30

MARS

7 h 33 20 h 18

St Amédée

« La vie ne va pas sans
de grands oublis ! »

Honoré de Balzac

La nature à portée de main

Envie de faire le vide ? Rendez-vous dans votre parc favori. Faites un premier tour en vous concentrant sur ce que vous sentez sous la plante de vos pieds. Sol dur, mou, parsemé de cailloux, de feuilles, d'herbes… Asseyez-vous sur un banc, fermez les yeux et prenez conscience de ce qui vous entoure : humez l'odeur des arbres, de leur tronc, des herbes et de la terre mouillées, écoutez les différents sons de la nature. Ressourcez-vous !

31

MARS

7 h 31 · 20 h 19

Pâques • St Benjamin

“Qui veut changer trouvera toujours une bonne raison pour changer.”

André Maurois

Connaissez-vous les cerises acérola ?

Très concentrées en vitamine C, elles contiennent 100 % plus de vitamine C que les oranges ou les citrons. En consommer tous les jours assure une quantité de vitamine C qui améliore l'humeur générale et augmente l'énergie.

1er
AVRIL

7 h 29 · 20 h 21

Lundi de Pâques • St Hugues

“Quand le présent est si absorbant, qui pourrait se tourmenter de l'avenir ?”

Robert Louis Stevenson

Une recette riche en minéraux

Les minéraux sont essentiels pour le bon fonctionnement de l'organisme : ce sont eux qui, entre autres, permettent la régulation des globules rouges et blancs. Ainsi, pensez à manger de temps en temps certains aliments qui en sont riches. Voici une recette simple et délicieuse pour faire le plein. Mettez à cuire 80 g de quinoa durant une quinzaine de minutes. Râpez une carotte après l'avoir épluchée. Ajoutez-la au terme de la cuisson du quinoa. Accompagnez d'un peu de menthe et d'un œuf, formez une petite galette et faites-la cuire dans une poêle. Régalez-vous !

2

AVRIL

7 h 27 20 h 22

Ste Sandrine

« La nature nous a donné
une langue et deux oreilles,
afin que nous écoutions le double
de ce que nous disons. »

Zénon

Persillez vos plats

Le persil regorge d'antioxydants qui protègent contre le stress oxydatif, responsable de plusieurs maladies mentales comme la dépression et l'anxiété. De plus il est très riche en caroténoïdes, en flavonoïdes et en huiles volatiles, tous des puissants antioxydants. Faites donc du persil votre herbe alliée contre les tensions et les tracas du quotidien.

3

AVRIL

7 h 25 · 20 h 24

St Richard

“Si vous fermez la porte
à toutes les erreurs, la vérité
restera dehors.”

Tagore

Le pied énergique

Rien de mieux qu'un massage
du pied pour soulager le corps.
Pour récupérer de l'énergie,
asseyez-vous avec le pied droit
sous le genou gauche. Avec le pouce
droit, appuyez sur le point d'acupuncture
situé au tiers de la plante du pied,
2 minutes pour chaque pied.

4

AVRIL

☀ 7 h 23 ☀ 20 h 25

St Isidore

“Le moment présent
a un avantage sur tous les autres :
il nous appartient.”

Charles Caleb Colton

L'ail, votre allié anti-stress

L'ail contient des composés soufrés qui augmentent les niveaux du glutathion, tripeptide antioxydante très concentrée. Ainsi, les cellules de notre organisme sont nourries de manière à affronter l'oxydation et ses effets néfastes. Sachez que l'ail est votre allié non seulement contre le stress et l'anxiété mais également contre les maladies cardio-vasculaires.

5

AVRIL

7 h 21 — 20 h 27

Ste Irène

“ Le temps, c’est la toile
dont je suis à la fois
l’araignée et la mouche. ”

Jacques Lesourne

Faites travailler votre imagination

Avant un rendez-vous stressant, au lieu de vous focaliser sur l'entretien, portez votre attention sur tout ce qu'il y a autour. Des personnes sont assises à côté de vous ? Tentez d'imaginer leur vie : qui sont-elles ? À quoi ressemble leur famille ? Regardez par la fenêtre et créez-vous des petites histoires avec les personnages que vous voyez s'animer sous vos yeux.

6

AVRIL

7 h 19 · 20 h 28

St Marcellin

“ Le sommeil est pour
l’ensemble de l’homme
ce que le remontage
est à la pendule. ”

Arthur Schopenhauer

Étirez-vous !

Les étirements permettent de sentir chaque centimètre de son corps, tout en se détendant. N'hésitez pas à multiplier les étirements : au réveil, après la sieste et au moins trois fois par jour au bureau. Pour ne pas vous faire mal, faites-les toujours doucement, en respirant bien.

7

AVRIL

7 h 17 – 20 h 30

St Jean-Baptiste de La Salle

« Maintenez vivante en
vous la faculté de l'effort en
la soumettant chaque jour à un
petit exercice sans profit. »

William James

Pensez à la vitamine E

La vitamine E est une vitamine liposoluble qui agit comme un puissant antioxydant pour le corps. Elle est indispensable à la santé émotionnelle. Si elle manque dans l'organisme, l'humeur et l'énergie se retrouvent altérées. Pour vous assurer une bonne dose de vitamine E, pensez aux graines de tournesol qui regorgent de bons nutriments.

8
AVRIL
7 h 15 20 h 31
Ste Julie

« Le spectacle de la nature
est toujours beau. »

Aristote

La peinture pour se ressourcer

Il fait beau ce week-end et vous ne savez pas comment en profiter ? Posez-vous sur un coin d'herbe avec du matériel de dessin ou de peinture. Tentez de représenter le paysage que vous avez devant vous sur votre toile. Même si le résultat est médiocre, vous aurez vidé votre esprit et retrouvé des forces pour affronter la semaine qui arrive !

9

AVRIL

7 h 13 20 h 33

St Gauthier

“ Quand on s'habitue
à chercher son bien-être
dans ses propres efforts, on s'élève
dans sa propre opinion comme
dans celle des autres. ”

Robert Blondin

Comprendre son passé pour bien vivre son présent

Pour être bien au jour le jour, il est primordial d'être en paix avec son passé. Communiquez avec vos parents et vos frères et soeurs. Analysez les événements troubles de votre passé. Essayez de démêler le vrai du faux en faisant appel à votre entourage. Une fois que tout sera clair, vous apprécierez enfin le présent comme il se doit et vous vous tournerez vers l'avenir.

10

AVRIL

7 h 11 20 h 34

St Fulbert

“La formule sacrée
du positivisme : l'amour
pour principe, l'ordre pour
base et le progrès
pour but.”

Auguste Comte

Mon carnet de bord en 3 étapes

Étape 1 : Listez !

Le psychologue américain Tal Ben-Shahar nous invite à faire le bilan de notre vie au quotidien grâce à un tableau de vie. Chaque activité est listée pour être ensuite comptabilisée dans la balance du bonheur. Pendant deux semaines, vous écrivez toutes vos activités en notant combien de temps elles vous ont pris. À la fin de chaque semaine, vous les regroupez par thème et vous faites le total. Par exemple : sommeil 45 h, famille 15 h, beauté 1 h 30, copines 2 h...

11

AVRIL

7 h 09 · 20 h 36

St Stanislas

« Il y a des remèdes pour
la maladie, il n'y en a point
pour la destinée. »

Proverbe indien

Étape 2 : Évaluez !

Pour chaque action, donnez une note de 1 à 10 en fonction du bonheur qu'elle vous procure. Ensuite, évaluez si chaque activité a un sens dans votre vie. Enfin, écoutez votre petite voix intérieure et notez si vous aimeriez y consacrer plus ou moins de temps ou s'il n'y a rien à changer (=). Par exemple : sommeil 45 h, famille 15 h, beauté 1 h 30, copines 2 h = sommeil 40 h, famille 17 h, beauté 2 h 30, copines 1 h…

12

AVRIL

☀ 7 h 07 ☀ 20 h 37

St Jules

“ Des passions qui entraînent les êtres, seul se libère l'homme qui se maîtrise. ”

Johann Wolfgang von Goethe

Étape 3 : Corrigez !

Les chiffres sont plus parlants
que les idées. Au bout de deux semaines,
vous avez un classement clair du temps
que vous passez à vous faire plaisir, à soigner
votre vie sociale, à remplir votre frigo ou à vous
faire une beauté. À vous de rééquilibrer
la balance pour augmenter les activités
qui ont vraiment un sens dans votre vie.

13
AVRIL
7 h 05 20 h 39
Ste Ida

« Tout est pareil,
tout est distinct. »

Sagesse populaire

Les brocolis

Leurs nombreux bienfaits ne sont plus à prouver : ils permettent de réduire le risque de certains cancers, de troubles comme l'anxiété ou la dépression, de maladies cardiaques... Bourrés d'acide folique, de vitamine C, de magnésium, de sulforaphane, les légumes crucifères ont tout pour vous assurer une bonne santé physique et mentale.

14

AVRIL

7 h 03 20 h 40

St Maxime

« Quand on rentre
en soi-même, on s'aperçoit
qu'on possède exactement
ce que l'on désirait. »

Simone Weil

Le matcha

Le matcha se présente sous forme de poudre de thé vert. C'est le seul thé au monde dont la feuille se consomme entièrement. Il se fabrique à partir de feuilles de thé vert cultivées à l'ombre. Ce procédé spécifique est connu pour augmenter la teneur en bons composés tels que la L-théanine, réputée pour être un des acides aminés les plus puissants contre le stress et le déséquilibre émotionnel. Ne vous en privez pas et dégustez le matcha quotidiennement à petites doses !

15
AVRIL

7 h 01 20 h 42

St Paterne

“Se donner du mal pour les petites choses, c’est parvenir aux grandes, avec le temps.”

Samuel Beckett

Plus zen au bureau

Les collègues sans gêne, les fausses amitiés de bureau, les supérieurs qui vous traitent comme des moins que rien, un patron trop exigeant… ces tracasseries au travail vous stressent et peuvent vous miner le moral. Pour vous sentir mieux, détendez-vous afin de gérer vos émotions. Cela sera une manière de relativiser, sans fuir vos problèmes, et de démarrer vos rudes journées de travail avec sérénité.

“ Celui qui préfère le sourire
à la colère est toujours
le plus fort. ”

Proverbe japonais

Votre côté artistique

Nous avons tous un talent caché. Pour chasser la routine et ne pas penser qu'aux soucis de la vie quotidienne, rien de mieux que de laisser la créativité s'exprimer.
Pourquoi ne pas vous inscrire à un cours de danse, de peinture ou de chant, par exemple ? Ces activités enrichissantes ne peuvent vous faire que du bien et sont aussi l'occasion de rencontrer de nouvelles personnes.

17
AVRIL

☀ 6 h 57 ☀ 20 h 45

St Anicet

“La politesse est une monnaie
qui enrichit non point celui
qui la reçoit, mais celui
qui la dépense.”

Sagesse persane

Un fruit très nourrissant

L'avocat est un allié de votre santé : il contient des vitamines B, C et E et régule le surplus de radicaux libres qui vous affaiblissent. Très actif contre le vieillissement de la peau, il combat également le stress. De plus, sa teneur en potassium et en magnésium règle vos problèmes de tension. Un concentré de nutriments naturels !

18

AVRIL

6 h 55 20 h 46

St Parfait

“Ce n’est pas la volonté
de réussir qui compte, tout
le monde a ça. C’est la volonté
de se préparer à réussir
qui compte.”

Paul Bryant

Arrêtez de vous plaindre !

Arrêtez de croire que votre vie est si problématique et compliquée ! En Occident, nous avons tendance à facilement oublier la solidité de notre vie, de notre quotidien, le bonheur, l'essentiel... Nous nous focalisons souvent sur ce qui ne va pas. Il est temps de rééquilibrer la balance : dès à présent, dressez une liste de 10 choses qui vont bien dans votre vie.

“ Qui donne ne doit jamais s'en souvenir. Qui reçoit ne doit jamais oublier. ”

Proverbe hébreu

Essayez le yoga pour soulager votre dos

1. Sur les genoux, les mains posées devant par terre, arrondissez votre dos en expirant profondément. Tenez votre respiration quelques secondes puis relâchez.
2. Toujours dans la même position, cambrez votre dos en inspirant profondément. Retenez votre souffle pendant quelques secondes, puis relâchez.

20
AVRIL
6 h 51 · 20 h 49
Ste Odette

“Le succès dans la vie arrive
non pas en jouant les bonnes
cartes mais plutôt en étant capable
de jouer les mauvaises cartes
de la bonne manière.”

Joshua Dool

Comment atteindre le bonheur ?

Placez votre mental au service de ce qui vous tient à cœur. Une fois votre mental engagé, vos émotions s'organiseront autour du même but, puis de vos pensées, vos énergies et tout votre corps. Lorsque vous arrivez à canaliser tout votre être dans la même direction, vous découvrez votre capacité de création.

21

AVRIL

6 h 49 — 20 h 51

St Anselme

“ Aimer, ce n'est point
nous regarder l'un l'autre,
mais regarder ensemble
dans la même direction. ”

Antoine de Saint-Exupéry

Qu'est-ce que la non-résistance ?

La non-résistance ne veut pas dire être faible, être lâche ou se placer dans l'inaction. C'est une haute forme de sagesse et de lâcher-prise consciente… Les actions ne sont plus des réactions. Pensez aux arts martiaux : ne pas résister à la force de l'adversaire est une technique pour mieux triompher.

22
AVRIL
6 h 47 — 20 h 52
St Alexandre

« Une période d'échec
est un moment rêvé
pour semer les graines
du succès. »

Paramahansa Yogananda

La couleur magenta

À tous les niveaux, mental, émotionnel et physique, le magenta est la couleur du « letting go ». Il nous fait abandonner les vieux schémas de pensée qui nous conditionnent et nous font rester dans le passé, nous libère des émotions négatives et stagnantes et nous donne du courage pour laisser les relations et les situations peu constructives pour notre bien-être. Ainsi, une fois débarrassés de ces énergies, nous sommes ouverts au flux des énergies de la vie.

« Plutôt que de penser
à ce que tu n'as pas,
pense à ce que tu peux
faire avec ce que tu as. »

Ernest Hemingway

Auto-coaching

Pour vous motiver le matin, lorsque vous n'avez pas envie de vous lever ou pour vous encourager lorsque la fatigue se fait ressentir, appelez-vous par votre prénom et devenez votre propre coach : Allez, Sandrine, on y va, on se bouge, vas-y, montre-leur ! Imaginez des pom-pom girls qui crient votre nom s'il le faut... mais acclamez-vous !

24

AVRIL

6h43 20h55

St Fidèle

“ Dans tous les cas,
l’espérance mène plus
loin que la crainte. ”

Ernst Jünger

A vos balais !

Saviez-vous qu'une maison propre et bien rangée attire les ondes positives et le bonheur ? En Feng Shui, on dit que si l'on veut se débarrasser de ses problèmes, on se doit de nettoyer à fond sa maison. Tous les coins, les tiroirs et les placards, le grenier, la cave, le garage… Jetez les bibelots cassés, faites le tri dans vos papiers, rangez votre cuisine… Votre esprit s'éclaircira, vous vous apaiserez et attirerez les bonnes énergies. Que demander de plus ?

25

AVRIL

6 h 42 20 h 57

St Marc

“Il faut perdre la moitié
de son temps pour pouvoir
employer l’autre.”

John Locke

La kinésiologie contre les allergies

La kinésiologie est un procédé de test musculaire qui détermine les déséquilibres d'une personne, la cause et désigne un traitement efficace. On emploie souvent cette procédure pour tester la sensibilité aux aliments. Une petite quantité de l'aliment suspecté est placée sous la langue, puis les muscles des jambes et des bras sont observés. S'ils se révèlent mous sous une petite pression des doigts, c'est que la personne ne tolère pas l'aliment en question.

26

AVRIL

6 h 40 · 20 h 58

Ste Alida

« Celui qui regarde longtemps
les songes devient semblable
à son ombre. »

Proverbe indien

Bye-bye le stress !

Faites en sorte que les tensions et les contrariétés s'évaporent, comme par miracle : debout, poings serrés, tendez vos bras le long de votre corps de toutes vos forces. Serrez les muscles de vos jambes, ventre, thorax, dos, cou… Ressentez et acceptez tous ces picotements qui évacuent le stress de votre organisme.

27
AVRIL
6 h 38 21 h 00
Ste Zita

> Les relations sont sûrement le miroir dans lequel on se découvre soi-même.

Jiddu Krishnamurti

La couleur bleue

C'est une couleur qui évoque l'inspiration, la paix et la tranquillité. Elle est prisée pour la méditation car elle arrive à apaiser le mental et à créer un environnement reposant. Le bleu donne l'impression d'expansivité. Par exemple, une pièce peinte en bleu donnera l'impression de plus de volume qu'elle n'en a réellement.

28
AVRIL

☀ 6 h 36 ☀ 21 h 01

Ste Valérie

« Écouter les autres,
c'est encore la meilleure
façon d'entendre ce
qu'ils disent. »

Pierre Dac

Pour quand le vélo ?

Se déplacer en vélo, c'est éviter les embouteillages, ne pas s'enfermer dans un bus ou un métro, faire de l'exercice physique, penser à la planète, stimuler sa concentration, se remplir d'énergie… C'est économique, c'est écologique, c'est sportif ! Qu'attendez-vous pour l'adopter ?

29
AVRIL

6 h 34 21 h 02

Ste Catherine de Sienne

“Le passé, l’avenir,
ces deux moitiés de vie dont
l’une dit jamais et l’autre
dit toujours.”

Alphonse de Lamartine

Faites plaisir !

Apprenez à dire des choses gentilles aux autres : soutenez-les, complimentez-les et écrivez des doux mots à l'élu de votre coeur. Tout cela vous apportera confiance et énergie positive. Si vous avez du mal à vous exprimer, manifestez-vous autrement, via des petites attentions ou de jolis cadeaux. Faire plaisir aux autres, sans rien attendre en retour, est très gratifiant.

“Le stress, c’est comme la drogue. Plus tu en prends, plus tu es dépendant.”

Anonyme

Le rouge et ses nuances

Le rouge écarlate apporte la générosité, l'ambition et l'affection.

Le rouge foncé suggère la passion, le courage, voire la colère et la haine.

Le brun rougeâtre dévoile la sensualité.

“Celui qui ne sait pas
se fâcher est un sot, mais celui
qui ne veut pas se fâcher
est un sage.”

Proverbe chinois

Chassez le stress !

Tout d'abord, une zen-attitude est primordiale pour éviter les moments de faiblesse où l'on se jette sur le frigo. Mais il est également très important d'être calme et détendu au moment du repas. Prenez donc votre temps, mangez assis, bien installé, mastiquez et ne vous pressez pas car vous risquez d'avaler de l'air, ce qui perturbera la digestion et gonflera votre ventre.

2

MAI

6 h 29 21 h 07

St Boris

“ N’est stupide
que la stupidité. ”

Robert Zemeckis

Communiquez efficacement

Pour construire un monde meilleur il est indispensable de communiquer. Mais pour communiquer efficacement, il faut se construire soi-même, au préalable par la perception. Telle est notre nature, communiquer et nous exprimer, cela nous aide à avancer sur notre chemin d'évolution, mais n'oublions pas de faire une place plus importante à la perception, à tout ce qui se passe dans notre corps.

3

MAI

☀ 6 h 28 ☀ 21 h 08

St Philippe

“Le sommeil,
c'est rentrer chez soi.”

Proverbe chinois

Le rhodiola pour faire le plein d'énergie

Le rhodiola : cette plante, connue pour ses diverses propriétés bienfaisantes, a des applications diverses et variées. Elle est utilisée pour augmenter la force et l'endurance, pour renforcer la mémoire, pour soigner l'inflammation et les douleurs... Et c'est un excellent remède contre l'angoisse et le stress !

4

MAI

6 h 26 21 h 10

St Sylvain

“ C’est bon de ne pas regarder à la dépense de son énergie ! ”

Jules Renard

Halte à la mauvaise humeur

Dès qu'elle se manifeste, agissez vite et arrêtez toute activité ! Faites quelque chose d'agréable : un appel à un ami, une caresse à votre chat, un café sur une terrasse, un soin de beauté... vous avez même le droit de manger un carré de chocolat, cela chasse la déprime.

5
MAI

6 h 24 – 21 h 11

Ste Judith

« C'est en parvenant à nos fins
par l'effort, en étant prêt à faire
le sacrifice de profits immédiats en
faveur du bien-être d'autrui à long
terme, que nous parviendrons au
bonheur caractérisé par la paix et
le contentement authentique. »

Proverbe zen

Parlez !

Lorsqu'il faut affronter des soucis, le mieux est d'en parler. Autour d'un verre, expliquez vos ennuis à un ami et écoutez ses conseils. Vous adopterez certainement une autre manière de voir les choses, vous prendrez du recul et serez peut-être inspiré pour trouver des solutions auxquelles vous n'aviez pas pensé !

6

MAI

6 h 23 · 21 h 13

Ste Prudence

« La motivation vous sert de départ. L'habitude vous fait continuer. »

Jim Ryun

S'aimer pour encaisser

En période creuse, on a rapidement tendance à se déprécier et à ne plus pouvoir se voir dans une glace. Il devient impératif d'apprendre à s'accepter à nouveau, sous peine de ne jamais pouvoir encaisser une seule réflexion, peu importe son origine… Commencez par prendre une feuille et un stylo et listez vos qualités (celles que vous vous reconnaissez et celles que l'on vous prête).

“Toute chose a deux anses :
l’une par où on peut la porter,
l’autre par où on ne le peut pas.
Si ton frère a des torts, ne le prends
pas du côté où il a des torts, ce serait
l’anse par où on ne peut rien porter.
Prends-le plutôt par l’autre, te rappelant
qu’il est ton frère, qu’il a été nourri
avec toi et tu prendras la chose
par où on peut la porter.”

Épictète

Chaussures fraîches

Pour désodoriser vos chaussures fermées et les rafraîchir, placez quelques clous de girofle à l'intérieur. Plus efficace et moins cher que les poudres du commerce, ce système est aussi plus naturel et respectueux de l'environnement.

8

MAI

6 h 20 21 h 15

Victoire 1945 • St Désiré

> « Celui qui ploie sous
> un fardeau en connaît
> seul le poids. »

Proverbe indien

Osez le changement

Se remettre en question n'est pas forcément négatif, bien au contraire. Prendre le temps de réfléchir sur sa vie, d'analyser ce qui ne va pas, permet d'agir de manière réfléchie et non pas impulsive. Le changement peut contribuer au bonheur. Le fait de se lancer de nouveaux défis et de nouvelles ambitions stimule la motivation et fait du bien au moral.

“Rien n’assure mieux
le repos du cœur que
le travail de l’esprit.”

Duc de Lévis

Sortez, oxygénez-vous !

L'hiver nous semble parfois interminable : le froid, le temps gris, l'envie de rester sous la couette… Pas seulement ! Profitez du calme ambiant pour vous offrir une balade détente. Les paysages enneigés et le ciel pur reposent l'esprit. Prenez l'air, et appréhendez l'hiver sous le signe de l'évasion.

10

MAI

☀ 6h16 ☀ 21h18

Ste Solange

“ Le chemin qui mène
à la sagesse et aux joies
de l'esprit est un parcours
dangereux, semé d'embûches.
Mais quelle récompense pour
celui qui s'acharne et atteint
la vérité ! ”

Carolyn Bergeron

À la maison : le bon endroit pour faire du sport

- Tout d'abord, trouvez le bon endroit pour vous exercer : idéalement, un lieu spacieux, lumineux, avec comme élément essentiel : un mur !
- Munissez-vous d'un tapis de sol, d'une serviette (pour éponger les grosses gouttes de sueur qui vont couler), et habillez-vous de votre plus jolie tenue de sport : être en beauté dans l'effort est motivant !
- Équipez-vous également d'un élastique, très pratique et efficace pour certains exercices, d'un ballon et enfin d'haltères. Mais alliez l'utile au futé en les fabriquant vous-même. Remplissez deux bouteilles d'eau minérale et vous obtenez 1,5 kg pour chaque bras.

“ La vie humaine est
une rosée passagère. ”

Proverbe japonais

Massage des lombaires

Si vous passez une grande partie de votre journée assis, votre dos doit en payer les frais. Pour vous soulager, pratiquez l'auto-massage. Posez vos mains sur vos hanches et appuyez avec vos pouces tout en effectuant de petits mouvements circulaires. Remontez ainsi le mouvement jusqu'à la taille.

“Nous devons nous y habituer,
aux plus importantes croisées
des chemins, il n'y a pas
de signalisation...”

Ernest Hemingway

Baissez le ton

Afin d'éviter des disputes inutiles et irréversibles et de calmer une personne énervée ou qui est sur le point de s'emporter, parlez moins fort qu'elle ! En adoptant un comportement calme, vous communiquerez votre apaisement et l'inciterez progressivement à reprendre le dessus sur la colère.

13

MAI

6 h 12 · 21 h 22

Ste Rolande

“Soyez assis avec toute
la majesté inaltérable et
inébranlable de la montagne.
Laissez votre esprit s'élever,
prendre son essor et planer
dans le ciel.”

Sogyal Rinpoché

Vitalité savoureuse

Énergisant naturel, le miel permet de reconstituer vos forces très efficacement après l'effort. Vos muscles sont immédiatement tonifiés et la fatigue s'efface. Autre qualité du miel, il calme la toux, les insomnies et même les infections pulmonaires. Un délicieux remède contre les maux de l'hiver.

14
MAI

6 h 11 · 21 h 24

St Matthias

“Seuls les gens que nous connaissons et qui nous créent des problèmes nous fournissent vraiment l’occasion de pratiquer la tolérance et la patience. Nos ennemis, ou plus largement tous ceux qui nous veulent du mal méritent le plus grand respect et doivent être considérés comme nos professeurs les plus précieux.”

Proverbe zen

Enfermez les idées noires

Avant d'aller au lit, prenez quelques minutes pour mettre vos tracas sur un papier que vous enfermerez dans la boîte prévue à cet effet. Ce geste symbolique libérera votre tête et vous aidera à mieux dormir pour encore mieux affronter la journée de demain.

15

MAI

☀ 6 h 09 ☀ 21 h 25

Ste Denise

“Ceux qui abandonnent
ne gagnent jamais, ceux qui gagnent
n'abandonnent jamais.”

Napoleon Hill

Ecrivez un poème

Parfois, les problèmes sont si nombreux qu'on ne sait plus par quel bout les prendre. Avez-vous pensé à les coucher sur le papier ? En créant un poème structuré, ils vous apparaîtront plus clairs. Les solutions vous attendent sans doute à la dernière rime !

16

MAI

6 h 08 21 h 26

St Honoré

“Un mot prononcé avec bienveillance engendre la confiance. Une pensée exprimée avec bienveillance engendre la profondeur. Un bienfait accordé avec bienveillance engendre l'amour.”

Lao Tseu

Buvez moins de café

C'est connu, boire trop de café rend nerveux ! Oui, le café est un bon excitant et 2-3 petites tasses par jour sont même bénéfiques pour la santé, mais au-delà cela devient catastrophique avec des effets néfastes sur la tension, le cœur et le cerveau.

17
MAI

6 h 07 21 h 28

St Pascal

“Un enfant n'a jamais
les parents dont il rêve.
Seuls les enfants sans parents
ont des parents de rêve.”

Boris Cyrulnik

Les bons étirements

Pour entretenir la santé de vos épaules et de votre dos, joignez vos mains, étirez vos bras vers le plafond et poussez durant quelques secondes sur vos paumes pour vous allonger. Ensuite, penchez-vous doucement à gauche puis à droite. À faire dès que la tension se fait ressentir !

18

MAI

6 h 06 21 h 29

St Éric

“ Le sens de la vie est la plus pressante des questions. ”

Albert Camus

Relâchez les mâchoires

La mâchoire est une zone qui accumule les tensions. Essayez cet exercice pour vous détendre : serrez assez fortement les dents. Là où les muscles se contractent, c'est l'articulation temporo-mandibulaire, qui provoque essentiellement des tensions au niveau de cette zone. Puis, avec l'index et le majeur effectuez des mouvements circulaires légers à cet endroit.

19

MAI

6 h 04 21 h 30

Pentecôte • St Yves

“ L’avenir,
tu n’as pas à le prévoir,
tu as à le permettre. ”

Antoine de Saint-Exupéry

Devenez fluide

Grâce à l'eau et au Feng Shui !
Soyez plus zen en écoutant de la musique relaxante telle que le bruit de l'eau qui coule. Les effets sont quasi immédiats : la concentration s'améliore, le corps s'apaise, le mental s'envole, la pensée devient plus fluide et l'efficacité augmente.

20
MAI

6 h 03 — 21 h 32
Lundi de Pentecôte
St Bernardin

“J’ai appris que le courage
n’est pas l’absence de peur, mais
la capacité de la vaincre.”

Nelson Mandela

Comment gérer les émotions ?

À chaque instant de votre existence, appréhendez les émotions qui se présentent et acceptez-les. Si c'est de la colère, reconnaissez-la. De la joie, de la jalousie, de l'amour, une pulsion destructrice, peu importe. Accueillez l'émotion qui survient et appropriez-vous les diverses manifestations de celle-ci. C'est la réalité du moment, donc soyez ouvert à tout. Ainsi, vous changerez votre façon de voir le monde…

21
MAI

6 h 02 21 h 33

St Constantin

> « Être attaché à son propre bonheur est un obstacle sur la voie véritable et parfaite. Chérir autrui est la source de toute qualité admirable connue. »

Lama Tsong Khapa

Musique, maestro !

La musique classique augmente la concentration et aide le mental à résoudre des problèmes compliqués. Écoutez Mozart en travaillant, et vous verrez !

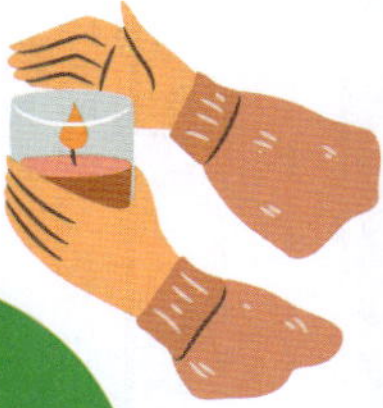

22

MAI

6 h 01 21 h 34

St Émile

“ La pierre précieuse ne peut
être polie sans frottements,
et l'homme ne s'accomplit pas
sans subir d'épreuves. ”

Pensée bouddhiste

Le jardin du temps

L'un des problèmes majeurs avec le temps, c'est que nous ne savons pas le visualiser. La plupart d'entre nous imagine le temps comme une position des aiguilles de la montre, comme une activité (une telle tâche qui dure tant de temps), comme une durée de déplacement d'un endroit à un autre... Puisque le temps est immatériel, nous avons du mal à le comprendre. Pourtant, visualiser le temps nous permet de mieux saisir le temps inutile, le temps où l'on se sent bien, le temps trop rapide, le temps important pour soi. Ainsi nous aurons une perception plus concrète et plus globale à la fois.

23

MAI

6 h 00 21 h 35

St Didier

“ Il faut se concentrer
sur ce qu'il nous reste et non
sur ce qu'on a perdu. ”

Yann Arthus-Bertrand

On agit, c'est tout !

Aujourd'hui, décidez de ne pas vous préoccuper des résultats de vos actions, mais maintenez votre énergie dans l'action elle-même. Ne pensez pas pourquoi, comment et ce que cela deviendra, concentrez-vous seulement sur l'action. C'est un exercice puissant pour évoluer dans votre conscience.

24

MAI

5 h 59 · 21 h 37

St Donatien

“ Si tu ne trouves pas
la vérité à l'endroit où tu es,
où espères-tu la trouver ? ”

Dogen

Le burn-out parental

Soyez vigilant car oui,
le burn-out parental existe bel
et bien, fort malheureusement. Cela se
produit fréquemment dans des familles
monoparentales où souvent la mère porte tout
sur ses épaules : enfants, éducation, ménage,
courses, soucis et tout le reste. Ce déséquilibre
peut épuiser la personne au point de ne plus
avoir de l'énergie pour quoi que ce soit et de
tomber en déprime significative.

25
MAI

5 h 58 21 h 38

Ste Sophie

« Si tu as de nombreuses richesses, donne de ton bien ; si tu possèdes peu, donne de ton cœur. »

Proverbe berbère

Pour vous débarrasser de l'inutile

Prenez une feuille et un crayon et répondez-vous sincèrement :

1. Ai-je vraiment besoin de cet objet ?
2. Cet objet me comble-t-il ?
3. Qui apprécierait plus cet objet que moi ?
4. Cet objet me rend-il service ?
5. Cet objet encombre-t-il mon espace ?

“ Nous sommes ici-bas
pour rire. Nous ne le pourrons
plus au purgatoire ou en enfer.
Et, au paradis, ce ne serait
pas convenable. ”

Jules Renard

Les astuces incontournables

Pour un bien-être durable,
faites attention à ce que vous mangez.
Privilégiez les sucres lents (céréales,
pâtes, riz), les protéines (poisson, volaille,
viandes maigres) et les légumes verts
et agrumes, bourrés de vitamines. Oubliez
bonbons, alcool, cigarettes, café ou thé qui
ne procurent qu'un bien-être éphémère
et renforcent votre sensibilité
aux pressions extérieures.

27
MAI

5 h 56 21 h 40

St Hildebert

“Perte d’argent,
perte légère ;
perte d’honneur,
grosse perte ;
perte de courage,
perte irréparable.”

Johann Wolfgang von Goethe

Faites la diète du « no-conso » !

Si vous estimez que notre société crée des besoins inutiles et des dépendances de toute sorte, dites non à la surconsommation polluante en vous engageant pendant une semaine à suivre un régime « no conso ». Très politiquement incorrect mais très sain spirituellement. Laissez la télévision éteinte, n'achetez que le strict minimum, accordez-vous du temps pour ne rien faire, dites non à la consommation industrielle… Vous verrez, cette semaine vous transformera !

28
MAI
5 h 55 · 21 h 41
St Germain

“ Personne ne sait
si sa lumière brûlera
jusqu'à demain. ”

Proverbe arménien

La méditation au quotidien

L'idéal pour chasser le stress de la journée et attaquer le lendemain avec moral et énergie est de s'octroyer une plage méditation. Les enfants sont enfin couchés, profitez-en pour vous aménager votre espace méditation avec encens, bougies, tenue ample, chants relaxants. Respirez calmement, à intervalles réguliers, et sentez vos membres se détendre un à un.

29

MAI

5 h 54 21 h 42

St Aymard

“ Tout homme qui marche
peut s'égarer. ”

Johann Wolfgang von Goethe

Votre visage aux petits soins

Si vous vous attardez quelques secondes sur votre visage, vous constatez qu'il est tendu et plein de nœuds invisibles. Pour détendre tout ça, massez d'abord votre front. Ensuite, à partir du centre, massez jusqu'aux tempes. Appuyez dessus tout en serrant légèrement les dents, ce qui vous aidera à renforcer les muscles de votre mâchoire. Continuez ce massage en effectuant de petits mouvements circulaires, détente garantie.

30

MAI

5 h 53 21 h 43

St Ferdinand

> « Les bébés sont sans peur,
> sans trouble, sans complication,
> ils sont très libres, ils jouent
> franchement, honnêtement,
> sans aucune attache. »

Taisen Deshimaru

Le pouvoir des coquillages

Pensez à rapporter
de vos prochaines vacances
un coquillage que vous emporterez,
ensuite, partout avec vous. Mettre votre
oreille contre le coquillage de temps
en temps en fermant les yeux
vous apportera une sensation
de bien-être immédiat.

31
MAI

5 h 53 21 h 44

Visitation

“ Comment décider
ce qui est bon ou mauvais ?
Il faut apprendre à écouter
son cœur, il connaît
toutes les réponses. ”

Anonyme

Plaisir parfumé

Prenez l'habitude de cuisiner avec des herbes aromatiques qui parfumeront agréablement vos plats, les rendront délicieux, savoureux et plus digestes. Adoptez le romarin, la ciboulette, la sauge, l'aneth, l'estragon...

“Tout le monde savait
que c'était impossible à faire.
Un jour est arrivé quelqu'un
qui ne le savait pas,
et qui l'a fait.”

Winston Churchill

Acceptez les changements

Tout change, tout évolue.
C'est ainsi. Alors, ne perdez pas
inutilement votre énergie à essayer
d'aller contre le changement,
vous serez simplement insatisfait
et déçu. Gardez plutôt à l'esprit que
tout peut changer du jour au lendemain.
Ainsi, vous serez serein lorsque
le changement arrivera.

2
JUIN

5 h 51 21 h 46

Ste Blandine

“Le plus beau
lendemain ne nous
rend pas la veille.”

Proverbe français

Fixez-vous un idéal

Pour avancer de façon sereine et déterminée, il est primordial de vous fixer un objectif, un idéal, un but suprême. Ainsi, lorsque vous devrez prendre des décisions, changer et avancer, vous ne serez pas rongé par l'angoisse et le doute. L'unique question que vous aurez besoin de vous poser serait : « Est-ce que ma décision est en harmonie avec mon idéal ? »

3

JUIN

☀ 5 h 51 ☀ 21 h 47

St Kevin

“ Sans contrainte,
on tourne en rond. ”

Matthieu Chedid

Points à masser pour lutter contre la fatigue

Juste au-dessous du genou, au niveau du creux formé par la jonction du tibia et du péroné. Sur le bras, à deux doigts du poignet, entre les deux os. Sur le ventre, à deux doigts sous le nombril. Appuyez fermement avec le pouce ou tournez dans le sens des aiguilles d'une montre, puis dans l'autre.

“ Celui qui se préoccupe
du passé n'aura
aucun avenir. ”

Sagesse populaire

Vous avez besoin de vous faire plaisir ?

Aujourd'hui au programme : beauté et bien-être. Tout d'abord un gommage intégral et un masque pour enlever les impuretés du visage. Ensuite, plongez-vous dans un bain parfumé et laissez vos sens s'évader. Une fois séché, nourrissez votre peau avec une crème hydratante et terminez votre remise en forme par des étirements en douceur.

5

JUIN

☀ 5 h 49 ☀ 21 h 49

St Igor

“De temps en temps,
il faut se reposer
de ne rien faire.”

Jean Cocteau

Portez du blanc

Le blanc symbolise la sagesse,
la douceur, la paix et la pureté.
Mettez du blanc pour nettoyer
votre intérieur et vous sentir
bien plus léger.

6

JUIN

☀ 5 h 49 ☀ 21 h 50

St Norbert

« La cause du succès ou
de l'échec relève beaucoup
plus d'une attitude mentale que
d'une capacité mentale. »

Walter Scott

Cessez de vous sentir coupable !

Ne vous enfermez pas dans une culpabilité permanente. Il est très important de savoir se remettre en question, certes, mais il ne faut pas pour autant se sentir coupable de tout et se flageller. Arrêtez de penser en termes de culpabilité et raisonnez en termes de responsabilité. Ainsi, vous vous libérerez de ce poids et vous irez de l'avant avec d'autant plus de motivation.

7

JUIN

5 h 48 21 h 51

St Gilbert

“Mieux vaut marcher
sans savoir où aller que rester
assis sans rien faire.”

Proverbe touareg

Du temps précieux

Chaque jour, consacrez 15 minutes à votre bien-être. Asseyez-vous en tailleur devant une image qui vous apaise pour évacuer les tensions. Il peut aussi s'agir d'un objet qui vous ressource. Respirez profondément et expirez lentement. En vous concentrant pleinement sur votre respiration et uniquement sur celle-ci, vous éprouverez de la paix et de la sérénité.

8

JUIN

5 h 48 · 21 h 51

St Médard

“Même la pensée
d'une fourmi peut toucher
le ciel.”

Proverbe japonais

Hammamia !

À faire seul ou à plusieurs, le hammam est un excellent moyen de se détendre et de relâcher complètement ses muscles. Ces bains de vapeur, alliés à des essences de pin, d'eucalyptus ou de lavande, soulageront efficacement vos bronches si elles sont encombrées. Un remède de grand-mère aux vertus nombreuses.

9

JUIN

5 h 48 21 h 52

Ste Diane

“ À la première coupe,
l’homme boit le vin ;
à la deuxième coupe,
le vin boit le vin ;
à la troisième coupe,
le vin boit l’homme. ”

Proverbe japonais

Adoptez un bon équilibre alimentaire

1. Mangez en petites quantités ! Lorsque vous ressentez le besoin de remplir votre assiette, faites-le plutôt avec des fruits et des légumes frais.
2. Diminuez les lipides et les sucres ! N'oubliez pas qu'ils se cachent souvent dans les aliments industriels.
3. Buvez essentiellement de l'eau et limitez la consommation d'alcool !

“ Je crois à l’effort persistant
et continu plus qu’aux coups
de collier sans lendemain. ”

Jacques Barrot

Tea time

Il est 16 h, vous avez terminé les tâches ingrates de la journée, il est temps de vous poser et de vous offrir un thé au jasmin ! Rien qu'à l'odeur, vous en serez détendu. Sirotez-le tranquillement, au creux de votre fauteuil, et laissez votre esprit vagabonder dans les contrées chinoises.

11

JUIN

5 h 47 · 21 h 53

St Barnabé

« Sept fois à terre,
huit fois debout. »

Proverbe japonais

Quelques perles de sagesse à méditer !

- Prenez le temps d'écouter votre respiration, vous entendrez le souffle de l'Univers.
- Montrer le partage, c'est montrer que le peu a plus de valeur que le beaucoup.

12
JUIN
5 h 47 21 h 54
St Guy

“Nul n’est parfait ici-bas ;
le soleil lui-même
a ses taches.”

Proverbe indien

Renforcez votre énergie solaire

Pour attirer le regard sur votre énergie positive, réveillez vos ondes solaires en portant un pendentif brillant, des boucles d'oreilles éclatantes ou une barrette claire sur une chevelure foncée : ces touches de lumière sur le haut du corps mettront en valeur votre côté dynamique et rassureront votre interlocuteur.

« Nous avons tous
assez de force pour supporter
les maux d'autrui. »

François de La Rochefoucauld

Relaxez-vous !

Lorsque votre organisme est tendu, il faut le dégourdir. Préparez votre corps par une petite séance de stretching, puis focalisez-vous sur les parties que vous sentez particulièrement raides. Visualisez chacun de vos muscles et contractez-les un par un.

14
JUIN

5 h 47 21 h 55

St Élisée

“ Vivez comme si vous deviez mourir demain, apprenez comme si vous deviez vivre toujours. ”

Bouddha

De l'eau, oui, mais pas n'importe laquelle !

Forcément, il est primordial de s'hydrater avec 1,5 litre environ chaque jour. Mais même en été, préférez l'eau à température ambiante puisqu'elle est beaucoup plus digeste que l'eau froide ou glacée. Sachez que l'eau froide perturbe les fonctions de l'estomac et peut provoquer des spasmes et des douleurs.

15

JUIN

5 h 46 21 h 56

Ste Germaine

“ Ce n’est pas le vent
qui décide de votre destination,
c’est l’orientation que vous donnez
à votre voile. Le vent est pareil
pour tous. ”

Jim Rohn

Une flamme qui réchauffe le cœur

Allumez une bougie chaque matin, laissez sa lumière et sa chaleur réveiller votre corps et attirer les ondes positives. Pour des raisons de sécurité, ne la laissez pas sans surveillance, mais si vous souhaitez prolonger l'effet apaisant de cette flamme vivante, entrez dans une église, quelle que soit votre confession, la lumière ravivera en vous l'espérance.

16
JUIN

5 h 46 — 21 h 56
Fête des pères
St Jean-François Régis

“ Si on ne voulait
qu'être heureux, cela serait
bientôt fait. Mais on veut être
plus heureux que les autres et cela
est presque toujours difficile parce que
nous croyons les autres plus
heureux qu'ils ne sont. ”

Montesquieu

Un réveil tout en douceur

Pour être en pleine forme
dès le réveil, joignez vos mains,
pressez-les l'une contre l'autre et laissez
l'énergie ressentie circuler librement.
Ensuite, réalisez un petit massage
des doigts avec le pouce et l'index en
commençant à la base des doigts
et en remontant vers
les ongles.

17
JUIN

☀ 5 h 46 ☀ 21 h 57

St Hervé

“Notre plus grande gloire
n’est pas de ne jamais tomber
mais de nous relever après
chaque chute… ”

Confucius

Auto-massage efficace

Pour supprimer les tensions dans les épaules, massez votre épaule droite à l'aide de la main gauche, puis changez de côté.

18

JUIN

5 h 46 21 h 57

St Léonce

“ Si tu es en peine à cause
d'une chose extérieure, ce n'est
pas cette chose qui te trouble,
c'est le jugement que
tu portes sur elle. ”

Marc Aurèle

Ravivez votre énergie

Pour réconforter votre corps et votre esprit, adoptez la position de yoga nommée « le vieux Shiva » : asseyez-vous, genoux repliés contre la poitrine, levez vos pieds, contractez les abdominaux, fermez les yeux et imaginez que l'énergie de votre corps se rassemble et tourbillonne dans votre corps : si vous ressentez de la chaleur, c'est que ça fonctionne !

19

JUIN

5 h 47 21 h 57

St Romuald

« Si vous voulez que la vie
vous sourie, apportez-lui d'abord
votre bonne humeur. »

Spinoza

Comment masser vos mains ?

Voici une méthode originale
pour reprendre contact avec la nature
tout en massant vos mains. Fabriquez-vous
une boîte pleine de petits cailloux lisses.
À chaque fois que vous en ressentez le
besoin, plongez vos mains dedans et faites
des mouvements doux dans tous les sens.
Vous améliorerez ainsi votre circulation
sanguine et ressentirez l'énergie
de la Terre.

20
JUIN

5 h 47 21 h 57

Été • St Silvère

“ Emporte dans ta mémoire,
pour le reste de ton existence,
les choses positives qui ont surgi
au milieu des difficultés. Elles seront
une preuve de tes capacités et te
redonneront confiance devant
tous les obstacles. ”

Paulo Coelho

Kôan zen

Un jeune moine, qui venait d'arriver dans le monastère chinois de l'école Lin-tsi, s'adressa au grand maître Tchao-tchou :

– Je suis nouveau ici. Pourriez-vous me donner un renseignement ?

– As-tu mangé ta soupe de riz ? demanda Tchao-tchou.

– Oui, répondit le moine.

– Alors, va laver ton bol !

21
JUIN
5 h 47 21 h 58
St Rodolphe

“ L’homme le plus heureux est celui qui fait le bonheur d’un plus grand nombre d’autres. ”

Diderot

Saisissez la chance

Dans la vie, certaines situations arrivent par hasard, c'est vrai. Mais si vous attendez que la chance vous sourie, vous pouvez attendre longtemps avant que les bonnes choses ne se passent. Ne laissez pas le hasard contrôler votre vie car c'est une source de stress et de peur. Mais saisissez votre chance et commencez à réaliser les choses par intention, avec vos capacités.

22

JUIN

5 h 47 21 h 58

St Alban

“ Ne pas imposer aux autres
ce qu'on est incapable de faire
soi-même. Ne pas exiger des autres
ce qu'ils sont incapables
de faire eux-même. ”

Maître Hsing Yun

La sieste éclair, idéale pour vous ressourcer

Elle ne dure que 30 secondes mais aide à récupérer toute son énergie et à relâcher les tensions musculaires. Tranquillement installé sur votre chaise, fermez les yeux. Puis, décollez votre langue du palais, desserrez lentement la mâchoire, relâchez doucement les épaules. Inspirez puis expirez profondément et lentement par le nez 4 fois. Ouvrez les yeux et étirez-vous les bras. C'est reparti !

23
JUIN

5 h 47 21 h 58

Ste Audrey

“ Plus grand est l’obstacle,
plus grande est la gloire
de le surmonter. ”

Molière

Tenez-vous droit !

Avoir une bonne posture et un siège adapté sont la clé pour ne pas développer des maux de dos handicapants, surtout lorsque vous travaillez derrière un bureau et que vous passez des heures en position assise. Préférez des sièges ergonomiques qui se règlent en hauteur. Ne croisez pas vos jambes pour ne pas couper la circulation sanguine et asseyez-vous toujours confortablement, en plaçant tout votre corps sur le siège. Vous éviterez ainsi des problèmes de la colonne vertébrale.

“Je ne perdrai pas
mon temps à essayer
de prolonger ma vie.”

Claude Pujade-Renaud

Astuce magique pour vous concentrer

Pour augmenter votre concentration, stimulez en massant légèrement les points du nez et du menton. Ensuite, posez votre index sur le point localisé juste au milieu du front, représentant le « troisième œil ». Maintenez pendant une minute. Respirez profondément et calmement.

25
JUIN

☀ 5 h 48 ☀ 21 h 58

St Prosper

“ La vraie valeur
d'un homme se définit
en examinant dans quelle
mesure et dans quel sens il est
parvenu à se libérer du Moi. ”

Albert Einstein

Quelques perles de sagesse à méditer !

- Ne jugez pas, contemplez !
- Ne rejetez pas, regardez !
- Ne méprisez pas, écoutez !

26

JUIN

5 h 48 21 h 58

St Anthelme

“L’homme est un être difficile qui se crée ses propres tourments.”

Gao Xingjian

Le confort du massage

Afin d'être à l'aise et de n'avoir ni trop chaud ni trop froid, la température de la pièce doit être de 25 °C environ, sans courants d'air. Durant la séance, le corps se met en veille et perd de la température : si besoin, n'hésitez pas à couvrir les zones non massées d'une douce couverture. Certaines personnes préfèrent garder leurs sous-vêtements pour se sentir bien. Astuce : ayez les pieds nus afin de laisser les énergies circuler librement et s'évacuer facilement dans le sol.

“ L’homme est le premier
artisan de son bonheur comme
il l’est de son tourment. ”

Cardinal Elchinger

Quelques perles de sagesse à méditer !

Toutes les émotions sont éphémères. Elles viennent puis s'en vont. Vous, vous restez, vous êtes là ! Donc vous n'êtes ni votre colère, ni votre joie, ni votre mental. Observez ceci doucement, sans juger.

28
JUIN
5 h 49 21 h 58
St Irénée

« Il est temps de vivre la vie
que tu t'es imaginée. »

Henry James

Le soleil et la lune dans votre chambre

Avez-vous pensé au simulateur d'aube ? Système faisant partie de ce qu'on appelle la luminothérapie, il simule aussi bien un lever qu'un coucher de soleil, par un éclairage progressif. Idéal pour vous mettre dans des conditions de réveil et d'endormissement permettant une meilleure synchronisation de l'horloge biologique. Désormais, vous ne ferez plus jamais la crêpe dans votre lit !

29

JUIN

5 h 50 21 h 58

St Pierre, St Paul

“ L’homme qui peut se mettre
à la place des autres, qui peut
comprendre le mécanisme
de leurs pensées, celui-là
n’a pas à s’inquiéter de ce
que l’avenir lui réserve. ”

Arthur Young

Chassez la fatigue

Chaque jour, l'effort ponctuel comme l'exercice quotidien amassent des tensions dans vos bras et vos mains. Détendez-les par des massages et des étirements qui remettront de l'ordre dans vos énergies.

30

JUIN

5 h 50 21 h 58

St Martial

“ Tourne-toi vers
le soleil et l’ombre sera
derrière toi. ”

Proverbe maori

Faire semblant d'être calme...

Faire semblant d'être calme
pour rester zen à tout prix alors que
vous bouillez à l'intérieur n'est pas une
solution ! Ce n'est d'ailleurs pas du
tout recommandé ! Se défouler sur la
personne qui vous met dans cet état
non plus ! Ce que vous devriez faire,
c'est vous « desidentifier »
de vos émotions.

1er

JUILLET

5 h 51 — 21 h 58
Fête nat. Canada
St Thierry

“ L'homme qui, au lieu
de mettre de l'huile dans
sa lampe, l'alimente avec de l'eau,
ne dissipera pas les ténèbres
qui l'entourent. ”

Bouddha

Voyez le côté positif des choses

Arrêtez de dépenser votre énergie dans des éléments négatifs et consacrez-la à des choses positives. Pensez aux bons souvenirs. Avant un rendez-vous important, imaginez-en déjà l'issue positive. Avant un rendez-vous amoureux, pensez déjà au moment où vous embrasserez l'être aimé. Bref, voyez le verre à moitié plein !

2

JUILLET

5 h 52 — 21 h 57

St Martinien

“Chaque coup de colère
est un coup de vieux ;
chaque sourire est
un coup de jeune.”

Proverbe chinois

Une cure de bien-être

Faites du hammam votre allié ! Il s'agit d'une des pratiques les plus bienfaisantes pour votre corps et pour votre esprit. En plus de ses propriétés relaxantes, vous sentirez les effets physiques dès la première séance : problèmes de peau, tensions musculaires, difficultés respiratoires, insomnies… Autant de soucis qui s'évaporeront dans les vapeurs chaudes et relaxantes !

3

JUILLET

5 h 52 21 h 57

St Thomas

“Les sots parlent beaucoup
du passé, les sages du présent
et les fous de l'avenir.”

Marie du Deffand

Pour les gros creux, un jus très nourrissant de bananes

Ingrédients :
2 bananes, du miel

Préparation :
Mixez les bananes avec un peu d'eau et ajoutez le miel.

4
JUILLET
5 h 53 21 h 57
St Florent

“ Le présent serait plein
de tous les avenirs, si le passé
n'y projetait déjà une histoire. ”

André Gide

Être en forme dès le réveil

Pour être en forme dès le réveil, joignez vos mains et appuyez-les l'une contre l'autre. Laissez l'énergie ressentie circuler librement. Ensuite, entrelacez vos doigts et étirez-vous. Faites également un petit massage de vos doigts à l'aide de votre pouce et de votre index. Commencez par la base des doigts et remontez vers les ongles. Voilà, vous êtes prêt pour attaquer une bonne journée de travail !

5

JUILLET

☀ 5 h 54 ☀ 21 h 56

St Antoine

« Étant philosophe,
j'ai un problème pour
chaque solution. »

Robert Zend

Contre la fatigue physique

Si vous ressentez de la fatigue physique, optez pour les huiles essentielles énergisantes de menthe poivrée, de cannelle, de thym, de romarin ou de géranium.

6

JUILLET

5 h 54 21 h 56

Ste Mariette

“ Impossible est un mot que je ne dis jamais. ”

Jean-François Collin d'Harleville

Mangez mieux !

Vous connaissez la chanson, manger moins gras, moins sucré, moins salé, c'est bon pour la santé ! Petit rappel pour vous donner envie de rééquilibrer votre assiette. Manger mieux, c'est augmenter votre espérance de vie en protégeant votre cœur et vos artères. Manger mieux en diversifiant, c'est faire plaisir à vos yeux et à vos papilles, donc ça augmente votre capital bonheur du jour. Manger mieux, c'est donner une meilleure image de vous-même, vous voulez vraiment ressembler à une pizza ?!

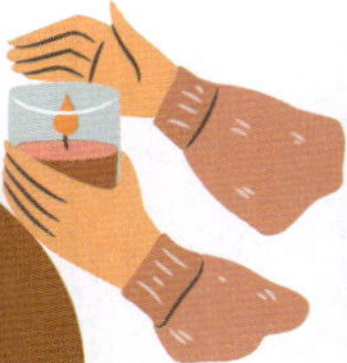

7

JUILLET

5 h 55 21 h 55

St Raoul

“ Mon passe-temps favori,
c'est laisser passer le temps,
avoir du temps, prendre son
temps, perdre son temps,
vivre à contretemps. ”

Françoise Sagan

S'occuper des autres pour être heureux

Les scientifiques s'accordent sur le fait que la générosité et la bienveillance aident à se sentir bien et à être heureux. Faites du bénévolat, servez de petites causes, donnez de l'argent à un SDF, investissez-vous dans une association… Tous les moyens sont bons ! Avant toute chose, n'oubliez pas d'être généreux avec vos proches.

“ Tout effort qui n’a pour
but que sa propre glorification
est voué au désastre. ”

Robert Pirsig

Vivez avec votre époque !

L'époque où la cuisine était un territoire réservé aux femmes est révolue ! Si vous remarquez que votre homme serait absolument perdu sans vos talents de femme de ménage, cuisinière et intendante, c'est le moment de réagir : essayez de le rendre autonome de manière progressive. Commencez par lui montrer où est rangé l'aspirateur !

9

JUILLET

5 h 57 21 h 54

Ste Amandine

« Le qi est en chacun de nous.
Le ciel, la terre et tout ce qui vit
a besoin du qi pour rester en vie.
Ceux qui savent comment laisser
leur qi circuler se préserveront
et banniront la maladie. »

Ko Hung

Acceptez les reproches

Partez du principe qu'on ne peut pas plaire à tout le monde et apprenez à faire face aux reproches que l'on vous fait. Essayez de rester objectif au maximum, même si vous êtes vexé. Envisagez ces reproches comme quelque chose de constructif, vous permettant d'aller de l'avant. Remettez-vous sincèrement en question et, la prochaine fois, on vous fera certainement des compliments.

10

JUILLET

5 h 58 21 h 54

St Ulrich

“ Marcher vraiment,
c’est aller au rythme de la
fleur qui s’ouvre. ”

Michel Jourdan

Réveillez le tigre qui sommeille en vous !

L'exercice qui suit, très sérieux, est néanmoins à réaliser à l'abri des regards indiscrets si vous ne souhaitez pas finir dans une camisole de force ! Le docteur Tal Schaller a en effet développé une étrange technique pour retrouver la forme… Imaginez-vous dans la peau d'un tigre, adoptez sa démarche, dirigez-vous vers un arbre invisible et faites-y vos griffes. Le but de l'exercice étant de se défouler au maximum, les grimaces et autres grognements sont particulièrement recommandés !

« Mon pied droit est jaloux
de mon pied gauche. Quand
l'un avance, l'autre veut le dépasser.
Et moi, comme un imbécile,
je marche ! »

Raymond Devos

Sagesse à méditer !

Si vous appelez votre temps libre un « temps mort », vous aurez toujours l'impression de perdre votre temps et un peu de votre vie chaque fois que vous avez du temps libre.

12
JUILLET
6 h 00 21 h 52
St Olivier

“ Apprendre à s’aimer
est le plus court chemin
en direction du bonheur. ”

Sagesse populaire

Savoir pardonner

Pas facile de pardonner lorsque l'on a été blessé. Pourtant, cette démarche, révélatrice d'un réel travail sur soi, vous libérera. Commencez par reconnaître la faute de l'autre et exprimez vos émotions. Ensuite, essayez de comprendre, sans forcément excuser, les motivations de celui qui vous a blessé. Avec le temps, la colère et la rancœur partiront. Vous ressortirez plus fort de cette expérience puisque vous aurez fait un vrai travail sur vous-même.

13

JUILLET

6 h 01 — 21 h 51

St Henri, St Joël

“Si l'on ne marche que durant les beaux jours, on n'arrive jamais à destination.”

Sagesse populaire

Brûlez les mauvaises odeurs

Vous sortez d'un déjeuner délicieux mais odorant : la raclette ! Plutôt que de faire courant d'air dans toute la maison pour chasser les odeurs, servez-vous de votre brûle-parfum : allumez une bougie, placée au-dessous de la coupelle dans laquelle vous avez versé un peu d'eau ainsi que quelques gouttes d'huiles essentielles. Ça sent bon, n'est-ce pas ?

14

JUILLET

6 h 02 · 21 h 51

Fête nationale • St Camille

“ La valeur d'un homme tient
dans sa capacité à donner et non
dans sa capacité à recevoir. ”

Albert Einstein

Faire l'amour pour faire baisser sa tension

Un psychologue américain, Stuart Brody, a voulu étudier l'influence de l'activité sexuelle sur le stress. Durant deux semaines, cinquante personnes ont dû noter la fréquence de leurs relations sexuelles. À terme, tous ont passé un entretien en public et une épreuve de calcul mental. Le résultat : ceux qui avaient eu un rapport avec pénétration étaient moins stressés que les autres.

15

JUILLET

6 h 03 21 h 50

St Donald

« Un homme ayant du succès
est celui pouvant se construire
une ferme fondation avec les briques
que les autres lui jettent. »

David Brinkley

Stop au contrôle !

Attention à ne pas vouloir toujours
tout contrôler, tout organiser, tout diriger.
Non seulement vous augmentez le stress
dans votre corps et votre mental, mais en
plus vous risquez d'étouffer vos proches
et de les mener à l'explosion
sous vos directives.

Comment ? Respirez et laissez faire !

16
JUILLET

6 h 04 21 h 49

Notre-Dame du Mont Carmel

« Le bonheur,
c'est de continuer à désirer
ce qu'on possède. »

Saint Augustin

Le bleu

La couleur bleue représente la communication, l'apaisement, l'eau, le calme, la réceptivité et la profondeur authentique de chaque être. Pour vous sentir calme et serein, utilisez toutes les nuances soutenues du bleu dans votre quotidien. Le bleu est également indiqué comme couleur idéale pour la chambre à coucher, favorisant l'endormissement et le sommeil réparateur.

« La richesse consiste bien
plus dans l'usage qu'on en fait
que dans la possession. »

Aristote

Mettez-vous au jardinage

Saviez-vous que jardiner
se révèle une meilleure activité
que la lecture pour lutter contre la
dépression ? Le fait d'être en plein air
et de pratiquer le jardinage permet de
rentrer en contact avec l'énergie de la terre.
Non seulement cette activité manuelle
apaise l'esprit mais elle développe
également la créativité
et l'estime de soi.

18

JUILLET

6 h 06 · 21 h 47

St Frédéric

“Appréciez d’échouer,
et apprenez de l’échec,
car on n’apprend rien
de ses succès.”

James Dyson

Quelques perles de sagesse à méditer !

S'ignorer soi-même est aussi grave que d'ignorer les autres !

Il est inutile de courir après la paix, il suffit de se laisser rattraper par la paix.

19
JUILLET

6 h 07 21 h 46

St Arsène

“ Rester en colère,
c’est comme saisir un charbon
ardent avec l’intention de le jeter
sur quelqu’un ; c’est vous
qui vous brûlez. ”

Bouddha

Le bâillement antistress

Ne vous cachez pas pour bâiller, ce n'est pas un mal ! Si c'est avant tout un réflexe respiratoire, le bâillement procure aussi une réelle détente car il augmente le taux d'oxygénation de votre cerveau. Ne vous étonnez pas si, lors de vos séances de yoga, on vous demande de bâiller. C'est une pratique courante qui relaxe et chasse le stress.

“Prenez vos victoires, quelles qu'elles soient, chérissez-les, utilisez-les, mais ne vous reposez pas dessus.”

Mia Hamm

Les vertus du pollen

Certains y sont allergiques, mais le pollen a plus d'une vertu. Il vous aide à combattre le manque d'énergie ou d'appétit, la fatigue, la déprime ou encore l'insomnie. Il vous confère tonus et vitalité. À chaque saison, faites une cure de pollen pendant 3 semaines. Prenez-en 1 cuillerée à soupe rase le matin à jeun et le midi avant le déjeuner, en mastiquant longuement avant de l'avaler.

21

JUILLET

6h09 21h44

Fête nat. Belgique

St Daniel, St Victor

“ Le bonheur et le malheur
ne viennent que de
nous-même. ”

Mong Tseu

Une douche à toute heure

Quoi de mieux qu'une douche chaude et agréable pour vous relaxer ? Fermez les yeux, respirez profondément à plusieurs reprises. Puis, imaginez-vous sous une douche chaude. Ressentez les gouttes d'eau caresser votre peau nue et apporter un véritable bien-être à votre peau, à vos cellules. Vous voilà tout neuf !

22

JUILLET

6 h 11 21 h 43

Ste Marie-Madeleine

« Accepte ce qui est,
laisse aller ce qui était,
aie confiance en
ce qui sera. »

Bouddha

Choisissez le bon moment

En se basant sur notre rythme biologique, les scientifiques ont remarqué que nos capacités physiques et intellectuelles sont optimisées entre 17h et 19h : c'est ainsi la période la plus propice pour faire du sport ou organiser ses rendez-vous importants. À l'inverse, le niveau de vigilance est le plus bas vers 13h. Notez également que le corps se met progressivement en veille à partir de 21h.

23

JUILLET

☀ 6h12 ☀ 21h42

Ste Brigitte

“ Le monde a progressé
uniquement grâce aux
choses impossibles qui
ont été réalisées. ”

André Maurois

Parlez en marchant

Souvent, on ne se rend pas compte de tout ce temps passé à donner des coups de fil dans une journée. Prenez l'habitude de téléphoner en marchant. Lorsque vous communiquez, vous ne faites pas attention à l'effort produit. Ainsi, vous arriverez très facilement aux 30 minutes de marche recommandées pour être en forme. Puis, vous vous viderez l'esprit et vous vous sentirez mieux, aussi bien dans votre corps que dans votre tête. À vos coups de fil !

24

JUILLET

6 h 13 — 21 h 40

Ste Christine, Ste Ségolène

“ Toutes les grandes choses coûtent beaucoup, les grands efforts abattent et les puissants remèdes affaiblissent. ”

Vincent Voiture

Frottez-vous les mains !

Repoussez le stress du bout des doigts ! Frottez vos mains avec énergie, elles seront ainsi réchauffées et plus souples. D'une main, avec le pouce et l'index, pincez entre les doigts de l'autre main. Répétez l'opération trois fois de chaque côté. Alors, on se sent mieux ?

25

JUILLET

6 h 14 21 h 39

St Jacques

« Il faut oublier les folies
d'un jour pour faire place
à celles du lendemain. »

David Hume

Chassez votre orgueil

Stimulez les nerfs de l'abdomen et chassez l'orgueil avec cette mudra simple mais efficace.

- Asseyez-vous par terre le dos bien droit, vos mains sur les genoux.
- Expirez en vous penchant en avant autant que vous le pouvez.
- Redressez-vous en inspirant.
- Une fois revenu dans la position initiale, expirez lentement. Recommencez 10 fois.

Vos fesses ne doivent jamais quitter le sol pendant cet exercice.

“Dans les grandes choses,
avant l'effort qui réussit,
il y a presque toujours des efforts
qui passent inaperçus.”

Laure Conan

Le bonheur

« Ne visez pas le succès.
Plus vous en ferez un but, moins vous l'atteindrez. Car on ne peut pas poursuivre le succès, pas plus qu'on ne peut poursuivre le bonheur. Ils ne sont que des effets secondaires du dévouement que l'on manifeste pour une cause plus grande que soi-même ou de l'abandon que l'on peut éprouver envers une autre personne. Le bonheur, comme le succès, arrive quand on ne s'y attend pas. »

Viktor Frankl

27
JUILLET
6 h 17 — 21 h 37
Ste Nathalie

“ La seule limite à notre épanouissement de demain sera nos doutes d'aujourd'hui. ”

Franklin D. Roosevelt

Acceptez !

Aussi doux ou au contraire difficile soit le passé, c'est un temps révolu. Aussi dur soit le présent, ce temps est la seule réalité sur laquelle nous avons un pouvoir, que nous avons la possibilité d'agir et changer. Mais pour cela, il faut tout d'abord accepter le présent tel qu'il est, tout entier. Cette acceptation nous délivrera de la souffrance et nous donnera la force de changer les choses.

28

JUILLET

6 h 18 21 h 35

St Samson

“Qui triomphe de lui-même possède la force.”

Lao Tseu

Des galets par-ci, des galets par-là...

Lors de vos vacances à la mer, pensez aux galets que la nature nous offre. Partez à la recherche de pierres aux formes insolites, zen, originales... Une fois chez vous, décorez votre salon ou votre chambre à coucher avec. Vous vous assurerez ainsi une connexion permanente à l'énergie de la Terre et de la mer.

29
JUILLET

6 h 19 — 21 h 34

Ste Marthe

“ Les heures sont faites
pour l'homme et non les
hommes pour les heures. ”

Proverbe italien

Visage reboosté

Plus économique qu'une crème de jour, plus rapide qu'une séance de relaxation, faites-vous un massage facial, en effectuant de petits cercles, en particulier sur les méridiens. Cela réduira les traits tirés et la fatigue et vous redonnera du punch ! C'est finalement si simple d'être en forme.

30

JUILLET

6 h 21 · 21 h 33

Ste Juliette

« Et mort on n'est pas mieux dans l'or que dans la boue. »

Claude de L'Estoile

Un peu plus de muscles dans le dos et les épaules

- Debout, fléchissez les genoux et tendez les bras, croisés au dessus de la tête.
- Descendez-les de chaque côté et faites des petits ciseaux, devant la poitrine.
- Faites de même en descendant au niveau de vos cuisses.

Pour que l'exercice soit efficace, le mieux est de pratiquer 2 séries de 10 mouvements.

31

JUILLET

6 h 22 21 h 31

St Ignace de Loyola

“ Donnez à vos pensées
une chance de se calmer.
Puis sentez votre esprit
aussi limpide qu'un
étang immobile. ”

Bouddha

Un peu de feng Shui

Dans la salle à manger,
mettez toujours un nombre pair
de chaises. Ceci apportera du bonheur
et de l'harmonie à la famille. L'impair
est signe de déséquilibre.

1er
AOÛT

6 h 23 · 21 h 30
Fête nat. Suisse
St Alphonse

“ Le monde semble
sombre quand on a
les yeux fermés. ”

Proverbe indien

Planification de vos loisirs

Il arrive qu'en quittant le travail, on soit poursuivi par des soucis liés à notre augmentation qui n'a toujours pas eu lieu ou bien au désaccord qu'il y a eu avec notre patron… Faites table rase de ces tracas en rentrant chez vous. Instaurez un temps de loisir quotidien, pendant lequel votre esprit sera entièrement dédié à une activité qui vous fait du bien.

2

AOÛT

6 h 25 21 h 28

St Julien

“ Le calme, la quiétude
sont choses qui dépendent
plus des dispositions intérieures
de l’esprit que des circonstances
extérieures, et l’on peut les goûter
même au milieu d’une
apparente agitation. ”

Alexandra David-Néel

L'écriture automatique

Le psychologue canadien Nathaniel Branden nous invite à sonder notre moi intérieur pour nous améliorer au quotidien. Choisissez 5 phrases que vous allez terminer chaque jour pendant une semaine. Pour être plus épanoui, je devrais..., Pour être un meilleur collègue de bureau, je devrais..., Pour être une super maman (papa), je devrais... Au bout de 7 jours, vous aurez trouvé les réponses au fond de vous-même et vous verrez votre évolution. La répétition permet de solidifier ces affirmations pour en faire des tremplins à l'action.

“Il faut toujours se réserver
le droit de rire le lendemain
de ses idées de la veille.”

Napoléon Bonaparte

Les bienfaits du soleil

Profitez des journées ensoleillées pour recharger les batteries. Laissez les rayons caresser votre peau (protégée par une crème !), mettez votre tête en arrière et ouvrez la bouche. Imaginez-vous manger le soleil ! Il paraît que les rayons traversent l'émail des dents et purifient les couches internes de la peau sans l'endommager.

4

AOÛT

☀ 6 h 27 ☀ 21 h 25

St Jean-Marie Vianney

« Hâtons-nous aujourd'hui
de jouir de la vie ; qui sait
si nous serons demain ? »

Jean Racine

Communiez avec les arbres

Rendez-vous dans une forêt ou un parc. Touchez les arbres, enlacez votre préféré et sentez son écorce sous votre joue. Se rapprocher de la nature a des effets insoupçonnés sur la santé et surtout sur le moral. Si vous en avez l'occasion, touchez un pied de vigne : sa force de purification est exceptionnelle !

5
AOÛT

6 h 29 21 h 24

St Abel

“L'apaisement réside
en chacun de nous.”

Proverbe zen

Le plein d'énergie grâce aux oméga-3

Différentes études ont montré que les personnes qui consomment beaucoup de produits de la mer sont moins sujettes à des déprimes ou des dépressions. Comment expliquer cela ? Tout simplement par la présence d'oméga-3 dans tous ces produits. En effet, plus le taux d'oméga-3 dans votre organisme est élevé, moins vous souffrirez d'un état dépressif… Alors, pour chasser les idées noires, mangez des huîtres, du saumon, du maquereau… mais aussi des noix ou des légumes verts à feuilles (mâche, chou, etc.) !

6

AOÛT

☀ 6 h 30 ☀ 21 h 22

St Octavien

“Il est bien des choses
qui ne paraissent impossibles
que tant qu'on ne les
a pas tentées.”

André Gide

Brochettes de poulet Tandoori

Délicieuse, la chair de poulet renferme des quantités non négligeables d'acides aminés, de fer, de zinc et de phosphore. Les épices sont d'excellents antioxydants. Coupez 400 g de blanc de poulet en petits morceaux et laissez-les mariner 3 heures dans un mélange de 2 yaourts nature, de sel, de poivre et 2 cuillerées à soupe d'épices Tandoori. Enfilez les morceaux de poulet sur des brochettes et faites-les cuire à la poêle ou sur le barbecue.

“Celui qui a un ami véritable n’a pas besoin d’un miroir.”

Proverbe indien

La créativité

Chacun de nos actes peut être accompli avec ou sans nous, autrement dit avec conscience ou de manière automatique. La créativité, c'est mettre de soi dans chacun de nos gestes, de nos mots, de nos respirations. C'est d'être là, engagé entièrement dans tout ce que nous faisons, dans tout ce que nous sommes.

8

AOÛT

6 h 33 — 21 h 19

St Dominique

“Vivre les malheurs d'avance, c'est les subir deux fois.”

René Barjavel

Dormir à poings fermés

Dormir occupe le tiers de notre vie : chouchoutons d'autant plus notre sommeil. Avant de vous coucher, préférez tisanes, bains aux huiles essentielles aux excitants, afin d'avoir le sommeil le plus réparateur possible. Il vous permettra de récupérer votre santé mentale et physique, en augmentant la production de cellules de votre corps.

“ Les nerfs, c’est un peu
du genre ficelle : ils résistent
tant que tu tires sur eux
modérément. Après…
ils cassent. ”

André Ber

Exercice aquatique

Lorsque vous êtes seul dans la piscine, profitez de ce moment pour faire la planche. Imaginez le ciel, les nuages, la cime des arbres… Le contact de l'eau avec votre peau vous détendra à coup sûr ! Si la position statique vous pose problème, nagez lentement.

10
AOÛT
6 h 36 21 h 16
St Laurent

« L'avenir nous tourmente,
le passé nous retient,
c'est pour ça que le présent
nous échappe. »

Gustave Flaubert

Embellissez-vous de l'intérieur !

La vraie beauté est à l'intérieur… Voilà une phrase que l'on entend souvent et qui ne fait pas toujours l'unanimité. Il vaut mieux être aimé pour ce que l'on est vraiment plutôt que pour son apparence… Le parfait n'est pas humain. Apprenez à accepter vos défauts, à les laisser devenir une force supplémentaire ! La vie est trop courte pour se laisser miner par des comportements négatifs. Travaillez votre beauté intérieure et ça se verra immédiatement à l'extérieur !

11
AOÛT

6 h 37 21 h 14

Ste Claire

« Tu as l'avantage
sur la colère quand
tu te tais. »

Sagesse égyptienne

Considérez le verre comme déjà cassé (et le reste aussi) !

Cet enseignement bouddhiste comporte l'idée que le monde est en constant changement. Tout se crée, se transforme, rien ne se perd mais rien n'est éternel. Un arbre émane d'une graine enfouie dans la terre et finira aussi dans le sol. Notre corps naît, grandit, se fane et meurt.

Vous adorez votre robe ? Ne vous leurrez pas, elle peut se déchirer.

“ Il faut apprendre à rester serein au milieu de l'activité et à être vibrant de vie au repos. ”

Gandhi

Apprenez à abandonner

Cessez de vouloir tout contrôler tout le temps. Apprenez à faire confiance à la vie. D'ailleurs, les meilleures choses arrivent toujours sans qu'on les planifie. Alors, lâchez prise et cessez de vous forcer à prévoir l'invisible et l'imprévisible !

13
AOÛT

6 h 40 – 21 h 10

St Hippolyte

“Le silence de l’Être authentique
n’est pas seulement là où se tait
le bruit du monde. De sa façon d’écouter,
dépend que l’homme perçoive le silence
de l’Être dans le silence du monde
ou même au milieu du bruit.”

Karlfried Graf Dürckeim

Soyez votre meilleur ami

Vous avez tendance à vous mépriser ? Vous pensez que vous n'êtes bon à rien et que vous n'arriverez jamais aux résultats escomptés ? Stop ! Pensez à vous comme à votre meilleur ami. Vous ne lui feriez certainement pas subir tout ce que vous vous imposez actuellement ! Face aux ennuis de la vie, réconfortez-vous comme vous le feriez pour un ami ! Et le stress finira par s'envoler.

14

AOÛT

6 h 41 21 h 09

St Évrard

“Le chameau ne voit pas
sa propre bosse, il voit la bosse
de son frère.”

Proverbe arabe

Arrêtez votre cinéma !

On est nombreux à croire que la vie est un mélodrame, avec ses actions passionnées, brutales et turbulentes. De manière théâtrale, on réagit trop souvent excessivement au moindre obstacle, à la moindre péripétie. On oublie trop souvent que la vie n'est ni si compliquée, ni si grave. Arrêtez dès aujourd'hui de vous faire tout un cinéma pour pas grand-chose.

15

AOÛT

6 h 43 21 h 07

Assomption • Ste Marie

“Nous avons deux choix dans
la vie : le premier est d’accepter
les choses comme elles sont
et la deuxième est de prendre
la décision de les changer.”

Denis Waitley

Occupez-vous de votre plexus

Il est situé au centre du thorax, à l'endroit où les côtes s'éloignent. C'est la zone qui accumule toutes les tensions, il est primordial de la détendre. Posez vos index, majeur et annulaire dessus et exercez une légère pression, en dessinant de petits cercles dans le sens des aiguilles d'une montre. Commencez consciemment à ralentir votre respiration et appréciez la détente.

16
AOÛT

6 h 44 — 21 h 05

St Armel, St Roch

« Le profane trouve son bonheur dans le clinquant et la nouveauté. Le sage se réjouit de l'ordinaire. »

Sagesse zen

Qu'est-ce que le présent ?

Ne confondez pas :
le présent n'est pas ce qui
se déroule en ce moment
mais l'espace dans lequel
cela se déroule...

17
AOÛT
6 h 45 21 h 03
Ste Jeanne

“Un voyage de mille lieues
a commencé par un pas.”

Lao-Tseu

Jouez au comédien

Si vous vous trouvez dans une impasse, lâchez tout et imaginez-vous dans la peau d'un personnage réel ou fictif. Prenez votre rôle au sérieux et allez au bout de votre transformation, aussi bien physique que mentale. Sortez de votre zone de confort et prenez une direction qui vous est nouvelle. Vous serez surpris d'apprendre tellement de choses sur vous-même. Et vous aurez probablement trouvé la solution à votre problème.

“ Ne t'arrête pas quand tu es fatigué. Arrête toi quand t'es fini. ”

Marilyn Monroe

Évitez d'avaler de l'air

Avaler de l'air risque de faire gonfler votre ventre et de vous faire souffrir d'aérophagie et d'aérocolie. Voici quelques astuces précieuses pour prendre soin de votre estomac : faites attention de ne pas boire trop d'eau pendant les repas, de manger dans une atmosphère calme, de bien mastiquer et de ne pas trop parler. Évitez les chewing-gums, la charcuterie, les pâtisseries industrielles, les légumineuses, les fruits très sucrés.

19

AOÛT

☀ 6 h 48 ☀ 20 h 59

St Jean Eudes

“Gémir sur un malheur passé, c'est le plus sûr moyen d'en attirer un autre.”

Shakespeare

De la détox pour voir la vie en rose

C'est bien connu, un corps sain favorise un esprit sain. Détoxifiez votre organisme pendant quelques jours et vous constaterez les bienfaits sur votre mental ! Tout d'abord, stoppez l'alcool, le tabac, le café, le sucre raffiné. Puis, consommez plus de légumes pour purifier l'organisme : artichauts, aubergines, céleri… N'oubliez pas de vous hydrater suffisamment, de préférence avec des tisanes, du jus frais ou du thé vert pour favoriser l'élimination.

20
AOÛT
6 h 50 20 h 58
St Bernard

« N'abandonnez jamais
un rêve sur la base du temps
qu'il faudra pour le réaliser.
Le temps passera
de toute façon. »

Earl Nightingale

Contre la fatigue visuelle

Faites infuser 50 g de fleurs de camomille dans 500 ml d'eau. Laissez tiédir, puis ajoutez une cuillerée à soupe de jus de persil frais. À l'aide d'une compresse, appliquez sur les yeux durant une dizaine de minutes. Répétez plus tard dans la journée si besoin.

21
AOÛT

6 h 51 — 20 h 56

St Christophe

“ Le pessimisme
est d’humeur ; l’optimisme
est de volonté. ”

Alain

Pierre de lune

Portez sur vous une pierre de lune. Elle possède une action bénéfique qui aide à résister au stress et à contrôler les émotions négatives telles que la colère, la peur, l'angoisse. La pierre de lune apportera une solidité dans votre vie en vous protégeant des changements néfastes et des énergies malveillantes. Elle réglera aussi vos problèmes de sommeil.

22
AOÛT
6 h 52 20 h 54
St Fabrice

“ Les gagnants trouvent
des moyens, les perdants
des excuses. ”

Franklin D. Roosevelt

Pensez au fer

Le fer est indispensable pour transporter convenablement l'oxygène dans tout l'organisme. Le manque de fer provoque une grande fatigue tenace, difficilement gérable. Consommez donc régulièrement de la viande rouge, des céréales complètes, des légumes secs, des huîtres et du chou. Si cela ne suffit pas, pensez aux compléments de fer.

23

AOÛT

6 h 54 — 20 h 52

Ste Rose

“ Si le problème
a une solution, il ne sert
à rien de s'inquiéter. Mais s'il
n'y a pas de solution, s'inquiéter
ne changera rien. ”

Proverbe populaire

A méditer

Le vide est la forme,
la forme est le vide…

24
AOÛT

6 h 55 — 20 h 50

St Barthélemy

> On apprend peu par
> la victoire, mais beaucoup
> par la défaite.

Proverbe japonais

Stop aux ballonnements !

Pour combattre et prévenir les ballonnements, surveillez votre alimentation et évitez tout ce qui favorise la production de gaz intestinaux. Évitez les aliments irritants pour les intestins sensibles : choux, haricots secs, navets, oignons et laitages. Consommez des fruits, légumes et céréales afin d'améliorer le transit intestinal.

25
AOÛT

6 h 57 — 20 h 48

St Louis

“ Il faut rire avant
d’être heureux, de peur
de mourir sans avoir ri. ”

Jean de La Bruyère

Gaspacho

Le crabe, riche en acides aminés et en iode, et l'avocat, source de vitamine E, vous aideront à lutter efficacement contre ce fléau des temps modernes, le stress. Dans un saladier, mettez la chair de 2 avocats, le jus d'un citron, 50 g de mie de pain, 1 cuillerée à café de tabasco, 100 ml d'huile d'olive et 2 cuillerées à soupe de vinaigre de xérès. Laissez mariner les ingrédients une nuit. Le lendemain, mixez en ajoutant 550 ml d'eau et encore 50 ml d'huile d'olive, du sel et du poivre. Servez frais, avec de la chair de crabe émiettée.

26
AOÛT

6 h 58 — 20 h 46

Ste Natacha

“Quel est le plus important,
réussir ou trouver un sens
à votre effort de réussir ?”

Shunryu Suzuki

De petites choses

Mère Teresa aimait à répéter :
« L'homme ne peut pas accomplir de grandes choses sur cette terre. Mais il peut accomplir de petites choses avec amour. »

27
AOÛT

7 h 00 · 20 h 44

Ste Monique

“ Non s’efforcer vers
le plaisir mais trouver son
plaisir dans l’effort même,
c’est le secret de mon
bonheur. ”

André Gide

La visualisation bienfaisante

La visualisation permet d'imaginer un scénario positif pour régler un réel souci. Elle peut agir dans tous les domaines : affectif, professionnel, médical… Les images liées au problème doivent être toujours très positives. Cette forme de relaxation aide à lutter contre l'anxiété, éliminer le stress, la négativité, les tensions. De plus, cela vous donne confiance en l'avenir.

28
AOÛT
7 h 01 20 h 42
St Augustin

> « L'oubli est une grâce. »
>
> Julien Green

Isolez-vous pour faire le point

Lorsque la panique vous gagne, que vous ne vous sentez plus à la hauteur, isolez-vous et adonnez-vous à une activité qui vous permette de vous recentrer sur vous-même. C'est à chacun de trouver cette activité, selon ses goûts. Certains vont écouter de la musique, allongés dans le noir, d'autres vont regarder un film ou surfer sur le Net sans but précis. À vous de trouver ce qui vous permettra de faire le vide dans votre tête. Et surtout, qu'importe l'occupation choisie, pensez à couper votre téléphone !

29
AOÛT
7 h 02 20 h 40
Ste Sabine

« Les enfants sont à un point
impliqués dans l'attitude
psychologique de leurs parents
qu'il n'est pas étonnant que la plupart
des désordres nerveux de l'enfance
puissent être imputés à l'atmosphère
psychique perturbée qui règne
à la maison. »

Carl Gustav Jung

Défoulez-vous au sport

On ne le répétera jamais assez : un esprit sain dans un corps sain ! Au lieu d'évacuer votre stress en vous réfugiant dans la nourriture, faites du sport ! Envie de frapper ? Choisissez le tennis ou la boxe. Envie d'être seul ? Optez pour la natation ou le footing.

30

AOÛT

7 h 04 20 h 38

St Fiacre

La faculté de se mettre
dans la peau des autres
et de réfléchir à la manière dont
on agirait à leur place est très
utile si on veut apprendre
à aimer quelqu'un.

Proverbe zen

Un verre d'eau chaude

Rien de mieux qu'un verre d'eau tiède ou chaude pour chasser la fatigue et retrouver tonus et dynamisme. Les effets sur le corps sont nombreux : digestifs, stimulants, purifiants, apaisants...

31
AOÛT

☀ 7 h 05 ☀ 20 h 36

St Aristide

« Bizarrement, c'est quand
on est pressé qu'il faut prendre
son temps. Alors je prends
mon temps… »

François Cluzet

Révisez votre définition du succès !

Il est très facile de se laisser emporter par la soif de succès ! On passe sa vie à collectionner les réussites, à quémander la reconnaissance, à jouir des compliments. En faisant ceci, on perd de vue l'essentiel. On se perd.

“Nos actes ne sont
éphémères qu'en apparence.
Leurs répercussions se prolongent
parfois pendant des siècles.
La vie du présent tisse
celle de l'avenir.”

Gustave Le Bon

Enervé ?

Contrôlez vos émotions !
Prenez le temps de la réflexion.
Après analyse de la situation, les réactions impulsives deviennent souvent inappropriées. Les bouddhistes utilisent ce moyen pour maîtriser leur comportement par l'esprit. La méditation permet de s'ouvrir aux autres sans bloquer notre sensibilité face aux événements (positifs ou négatifs) de notre quotidien.

2
SEPTEMBRE
☀ 7 h 08 ☀ 20 h 32
Ste Ingrid

“ Croire en quelque chose
et ne pas le vivre,
c’est malhonnête. ”

Gandhi

Laissez couler !

Difficile d'avancer depuis votre dernière rupture ? Fermez les yeux et imaginez une rivière. Vous êtes tellement tourné vers le passé que cette rivière est gelée, immobile, comme morte : il s'agit de votre vie. Puis vous vous apercevez que, par endroits, la glace commence à fondre, vous voyez l'eau couler, doucement puis abondamment : votre vie reprend son sens. Suivez le cours de la rivière, avancez et ne regardez plus en arrière.

3

SEPTEMBRE

7 h 09 20 h 30

St Grégoire

“L’homme qui ne se contente pas de peu ne sera jamais content de rien.”

Épicure

Soyez le premier à tendre la main

Nous avons tous parfois tendance à nous accrocher à des rancoeurs inutiles dus à des disputes ou des malentendus. Souvent nous attendons que l'autre fasse le premier pas pour venir s'excuser car notre ego et notre fierté nous disent de ne pas bouger. Nous avons raison, pensons-nous tout bas. Mais combien cela nous coûte, de faire la tête aux gens que nous aimons ? Pensez-y la prochaine fois lorsque vous serez en colère contre un proche ou un ami...

“Le travail acharné
et l’extrême indigence
triomphent de tout.”

Virgile

Carnet d'amour

Sans amour de soi, il est difficile de se faire aimer des autres. Notez dans un carnet tout ce dont vous êtes fier : la chambre que vous avez refaite, les photos que vous venez d'imprimer, la relation que vous avez établie avec vos collègues... Ajoutez tout ce que vous aimez chez vous, on ne s'aime jamais assez !

5
SEPTEMBRE

7 h 12 — 20 h 26

Ste Raïssa

« Gaspille ton argent,
il profitera à d'autres.
Gaspille ton temps, il sera
perdu pour tous. »

Proverbe populaire

Les bienfaits de l'agenda

Plus question de rater de rendez-vous ! Vous vous êtes enfin résolu à acheter un agenda où vous notez tout : rendez-vous, coups de téléphone à passer, anniversaires... Cela vous permettra, primo, de ne plus passer pour l'étourdi de service et deuzio, d'être moins stressé devant des situations inattendues. C'est tout un art de s'organiser !

6

SEPTEMBRE

7 h 14 20 h 23

St Bertrand

“ J'ai décidé d'être heureux parce que c'est bon pour la santé. ”

Voltaire

Le charme des saisons

Chaque année, vous êtes en proie au vague à l'âme lors de l'arrivée de l'automne. Essayez d'en savourer la nature changeante en vous promenant en forêt : écoutez les feuilles qui craquent sous vos pieds, rapportez des châtaignes et des marrons. Soyez en communion avec la nature, comme vous pouvez l'être au printemps lorsque tout renaît.

7

SEPTEMBRE

7 h 15 – 20 h 21

Ste Reine

« La promenade est essentiellement une manière de converser avec soi. »

Chantal Thomas

Décontractez votre front

Détendez et stimulez cette zone grâce à un mouvement d'opposition : posez deux doigts au-dessus de l'arcade sourcilière, appuyez vers le bas tout en levant en même temps vos sourcils vers le haut.

8
SEPTEMBRE
7 h 17 20 h 19
St Adrien

“Si vous cessez de vous identifier au corps et restez détendu en toute conscience, à ce moment précis, vous serez heureux et en paix.”

Ashtavakra Gita

Rien n'est définitivement figé !

Tout se renouvelle sans cesse.
C'est un des principes de la vie
et du temps. Ce principe est
également valable pour nos soucis,
nos malheurs, nos bonheurs,
nos acquis. Accepter ce fait,
c'est accepter les
mouvements de la vie.

9

SEPTEMBRE

7 h 18 20 h 17

St Alain

“ Voici le miracle qui se reproduit à chaque fois pour ceux qui aiment vraiment ; plus ils donnent, plus ils sont riches. ”

Rainer Maria Rilke

Défoulez-vous sans danger

Essayez les sports de combat !
Vous apprendrez les bases pour vous défendre en cas de menace tout en canalisant votre énergie. Vous limiterez les situations d'énervement dans la vie quotidienne et vous vous sentirez bien plus serein ! Préférez un sport sans risques, dit de self-défense, tel que le krav maga. C'est l'assurance de vous défouler sans danger !

10

SEPTEMBRE

7 h 19 – 20 h 15

Ste Inès

“Tu dois nourrir ta vie.”

Proverbe chinois

La posture des quatre éléphants

La fatigue se fait ressentir ? N'attendez plus et essayez la posture des quatre éléphants, très utilisée en médecine chinoise ! Debout, pointes des pieds vers l'extérieur et talons joints, fléchissez les genoux. Avec vos bras, faites comme si vous vouliez enlacer un arbre, les mains au niveau du nombril. Imaginez que vos bras tiennent une boule d'énergie, concentrée au niveau des reins. Maintenez la position deux minutes.

11

SEPTEMBRE

7 h 21 — 20 h 13

St Adelphe

“ Pour avoir de la connaissance, ajouter des choses chaque jour. Pour avoir de la sagesse, enlever des choses chaque jour. ”

Tao Te King

Restez zen !

Stress, colère, surmenage, pensées négatives, manque de sommeil, etc. sont souvent les responsables de notre addiction envers les gâteaux et les confiseries, aliments acidifiants par excellence. Pour retrouver calme et zen attitude, tournez-vous vers la méditation, écoutez des musiques relaxantes et surtout, pensez à respirer par le ventre !

12
SEPTEMBRE

7 h 22 — 20 h 11

St Apollinaire

« Il n'y a pas de maîtrise
à la fois plus grande et plus
humble que celle que l'on
exerce sur soi. »

Léonard De Vinci

Pourquoi être serein au volant ?

1. Vous assurez votre sécurité et celle des autres !
2. La conduite rapide est extrêmement stressante : votre tension monte, vos mains s'agrippent au volant, vos yeux fatiguent…
3. Vous n'arriverez pas plus vite à destination si vous avez un accident !

13

SEPTEMBRE

7 h 24 — 20 h 09

St Aimé

“ Le temps sera le maître
de celui qui n’a pas
de maître. ”

Proverbe arabe

Pour des jambes fermes et légères

Massez-les du bas vers
le haut en exerçant de petites
pressions afin de stimuler
le retour veineux.

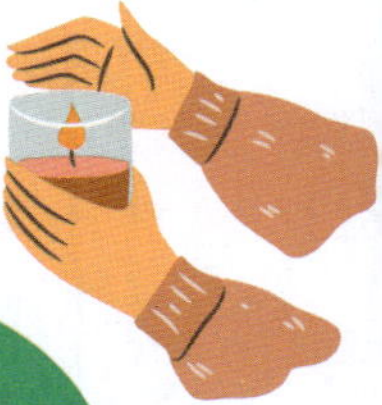

14

SEPTEMBRE

☀ 7 h 25 ☀ 20 h 07

Croix glorieuse

“Le plus lourd fardeau,
c'est d'exister sans vivre.”

Victor Hugo

Laissez les autres avoir raison

Un jour ou l'autre, vous allez vous posez la question suivante : « Qu'est-ce que je préfère, être heureux ou avoir raison ? ». Car défendre bec et ongles son opinion demande une dépense énergétique incroyable. Puis, vous risquez de vous fâcher avec vos amis pour pas grand-chose. Finissez-en une bonne fois pour toutes avec ce besoin impératif d'avoir toujours raison, ou de donner tort aux autres !

15

SEPTEMBRE

7 h 26 — 20 h 04

St Roland

“ Si vous ne pouvez pas encore faire de grandes choses, faites de petites choses de façon remarquable. ”

Napoleon Hill

Pourquoi êtes-vous en colère ?

Même si la colère reste une réaction physique et psychologique à la frustration, à la douleur ou à l'injustice, se comporter de façon violente avec son entourage et exploser littéralement peut avoir des conséquences néfastes pour soi-même et pour les personnes concernées. Apprenez à maîtriser et dissiper la colère en vous concentrant sur l'émotion elle-même et non sur sa cause. Ressentez ce qu'elle provoque en vous et accueillez les sentiments et les manifestations corporelles.

16

SEPTEMBRE

7h28 20h02

Ste Édith

“Aimer autrui ne signifie pas que nous devons nous oublier.”

Sagesse populaire

Lorange

Si la fatigue se fait ressentir, misez sur de l'orange pour retrouver l'énergie. Habillez-vous en orange, placez quelques touches dans votre maison ou votre bureau. L'orange apporte vitalité, joie et bonne humeur. Cette couleur stimule également la créativité en développant l'imagination.

17
SEPTEMBRE

7 h 29 – 20 h 00

St Renaud

“ Quand on ne peut revenir
en arrière, on ne doit se préoccuper
que de la meilleure façon
d'aller de l'avant. ”

Paulo Coelho

Pratiquez la non-connexion

Il a été prouvé que rester connecté constamment sur son téléphone, son ordinateur ou sa tablette est une véritable source de stress qui se ressent de plus en plus dans notre société. Il est recommandé de pratiquer la non-connexion consciente et de choisir des horaires pour la consultation de vos mails, pour répondre aux messages sur les réseaux sociaux ou pour flâner sur Internet. Vous verrez, votre temps aura plus de valeur.

18

SEPTEMBRE

7 h 31 19 h 58

Ste Nadège

“ On peut allumer
des dizaines de bougies
à partir d’une seule sans en
abréger la vie. On ne diminue
pas le bonheur en
le partageant. ”

Bouddha

Se fixer des limites, c'est se limiter tout court !

Faites attention, le fait de se fixer des limites demande de les adopter ! Si vous vous répétez tout au long de la journée que vous n'allez pas y arriver, que c'est trop dur et que vous n'êtes pas capable, forcément cela deviendra votre réalité.

19

SEPTEMBRE

7 h 32 19 h 56

Ste Émilie

“ Ne pas se moquer,
ne pas déplorer, ne pas détester,
mais comprendre. ”

Spinoza

Comment éviter les migraines ?

Grâce à un tapotement simple mais efficace, vous pouvez stopper rapidement la migraine, ce mal si désagréable. Retenez que cet exercice fonctionne seulement avant l'installation de la migraine, donc il faut être réactif : fermez les yeux et imaginez-vous dans un endroit de rêve. Avec le bout de vos doigts, tapotez légèrement le dessous de vos yeux pendant quelques minutes.

20
SEPTEMBRE

7 h 34 19 h 54

St Jean-Charles

“Le but de la vie est
le développement personnel.
Parvenir à une parfaite réalisation
de sa nature, c'est pour cela que
nous sommes tous ici.”

Oscar Wilde

Un bain apaisant

Trop souvent, prendre un bain se réduit à ajouter quelques sels parfumés dans la baignoire, y plonger pour se laver et en sortir. On passe ainsi à côté de l'essentiel : réunir le corps et l'esprit, pendant quelques minutes au moins. Au Japon, le bain est un art de vivre à part entière, pris collectivement dans des sources d'eau chaude. Le bain sert à purifier l'esprit et non à se laver… Pensez-y !

21
SEPTEMBRE

7 h 35 19 h 52

St Matthieu

“ Ce qui ne tue pas renforce. ”

Friedrich Nietzsche

La liste des 10 envies

Notez noir sur blanc les 10 projets, buts ou envies qui vous tiennent le plus à cœur. Accordez-vous le temps de la réflexion et les moyens de les réaliser. Soyez concret et numérotez les étapes pour y parvenir. Vous constaterez que rien n'est impossible !

“Il n'y a qu'une façon
d'échouer c'est d'abandonner
avant d'avoir réussi.”

Georges Clémenceau

Moyen original pour vous calmer

Si un proche vous énerve, fermez les yeux et imaginez-le sous la forme d'un nourrisson. Imaginez ce bébé aux joues toutes rondes, aux yeux pétillants et au sourire délicieux. Puis, avancez dans le temps et visualisez la même personne 100 ans plus tard. Regardez son sourire pâle, son visage ridé et sa peau fragile. Après ceci, nous en sommes certains, vous aurez de la compassion pour ce proche et la colère se sera envolée.

23
SEPTEMBRE

7 h 38 19 h 47

St Constant

“ Ne laissez pas
le comportement des autres
détruire votre paix
intérieure. ”

Sagesse populaire

Faites du vélo

Faire du vélo, c'est amusant. On se promène en famille ou en amoureux, on découvre des endroits par lesquels on ne serait jamais passé, on passe des moments agréables... et on fait du sport sans s'en rendre compte. Selon la cadence, cela peut aller de 360 à 500 calories en moins pour une heure de vélo et le moral sera au beau fixe !

“ Dans le passé,
seule l'existence passée
était réelle, et irréelles les existences
future et présente. Dans le futur,
seule l'existence future sera réelle
et irréelles les existences passée et
présente. Maintenant, seule l'existence
présente est réelle et irréelles les
existences passée et future. ”

Bouddha

Massage ayurvédique = moins de stress !

Cette médecine indienne est issue de la tradition de l'Ayurvéda, qui signifie en sanscrit Sciences de la vie. Une alimentation modérée associée à différents massages aux compresses de riz ou aux plantes permet de purger les toxines du corps et de stabiliser l'être.

25

SEPTEMBRE

☀ 7 h 41 ☀ 19 h 43

St Hermann

« Quand les conditions sont suffisantes, les choses se manifestent. Quand les conditions ne sont plus suffisantes, elles se retirent ; elles attendent le moment opportun pour se manifester à nouveau. »

Bouddha

Marche : très bon pour la santé !

- Si la marche vous permet de brûler quelques calories, soit beaucoup en quelques mois, elle réduit aussi considérablement les risques de maladies cardio vasculaires ainsi que l'hypertension.
- Activité simple, facile à intégrer dans son quotidien, à condition de changer quelques habitudes, la marche apporte de la bonne humeur et combat le stress.

26

SEPTEMBRE

7 h 42 19 h 41

St Côme, St Damien

“ L’amoureux qui n’oublie pas
quelquefois meurt par excès,
fatigue et tension de mémoire. ”

Roland Barthes

Apprenez à dire « je ne sais pas »

Nous ne savons jamais ce qui va arriver. Ne spéculez pas, ne vous montez pas la tête, ne vous inventez pas de catastrophes ni de merveilles car la plupart du temps, rien de tout cela ne se réalise. Restez simplement ouvert à toute éventualité, calme et curieux. Et autorisez-vous le droit de dire « je ne sais pas » !

“L’effort librement consenti rend libre.”

Louis Nucéra

Changez de sucres

Les sucres lents sont parfaits pour avoir de l'énergie, mais les sucres rapides, si délicieux en bouche et si appréciés par notre cerveau, créent vite une frustration dès que la sensation s'estompe ! Pour varier les plaisirs et limiter le sucre rapide, préférez le miel, la stévia, le sirop de coco ou le sirop d'agave au sucre blanc.

28

SEPTEMBRE

7 h 45 19 h 37

St Venceslas

“ Sur un cerisier mort,
on ne trouve pas de fleurs. ”

Proverbe japonais

Complimentez-vous !

L'adage veut que l'on ne soit jamais mieux servi que par soi-même. Qu'attendez-vous pour commencer à vous complimenter ? Voilà un bon moyen pour arrêter de douter de vous et de vos qualités. Pensez à vous féliciter pour chaque réussite, aussi petite soit-elle. Et faites une liste de toutes vos qualités : efficacité, courage, humour, franchise, gentillesse…

29

SEPTEMBRE

7 h 47 19 h 35

St Michel, St Gabriel

“Connaître une chose
et en vivre une autre est
une erreur, un contresens.
À partir de là, une tension apparaît.
Elle est due au conflit de la pensée
et du sentiment.”

Swâmi Prajnânpâd

Abaissez votre seuil de tolérance au stress

Plus vous diminuerez votre seuil de tolérance au stress, moins vous en subirez ! Il vous viendra alors des idées magnifiques pour apprendre à gérer le peu de stress qui reste !

30

SEPTEMBRE

7 h 48 19 h 32

St Jérôme

« La sagesse ne se mesure
pas à ce que nous avons vécu
mais à ce que nous sommes
capables de vivre. »

George Bernard Shaw

Soyez obstiné !

Être têtu n'est pas une qualité. Mais être tenace en est une ! Ne pas lâcher lorsque vous ressentez que vous pouvez y arriver, lorsque votre coeur vous guide, est un réel potentiel de l'être ! Croyez en vous, en votre force, en votre bonne étoile !

1er

OCTOBRE

7 h 49 – 19 h 30

Ste Thérèse de l'Enfant Jésus

“ Rien ne concourt davantage
à la paix de l'âme que de
n'avoir point d'opinion. ”

Georg Christoph Lichtenberg

Un mix revigorant

Épluchez 300 g de carottes, pressez un citron ainsi qu'une orange. Mélangez le tout à la centrifugeuse. Ce jus 100 % naturel contient toutes les ressources nécessaires pour votre énergie et votre beauté. Il contient, entre autres, les vitamines C, B1, B3, B6, magnésium, cuivre, zinc et manganèse, fer et calcium ! Aucune boisson énergétique industrielle ne vous fera cet effet !

2

OCTOBRE

7 h 51 19 h 28

St Léger

“Toute sortie est
une entrée quelque
part ailleurs.”

Tom Stoppard

Et les pizzas ?

Si vous adorez les pizzas, pas la peine de vous en priver. Il faut juste les choisir à pâte fine, aux légumes, tomates, huile d'olive et avec peu de fromage. Des pizzas d'été, tout simplement ! Vous avalerez 50 % de calories en moins qu'avec les pizzas classiques !

« Ne craignez pas
d'être lent, craignez seulement
d'être à l'arrêt. »

Proverbe chinois

Acceptez de ne pas réussir du premier coup

Il est totalement impossible de tout réussir du premier coup. Puisque vous n'avez pas de baguette magique, apprenez à gérer les échecs pour ne pas vous effondrer à chaque déception, pour ne pas tourner en rond sans jamais évoluer, pour ne pas avoir de regrets…

4

OCTOBRE

7 h 54 19 h 24

St François d'Assise

“ Nous sommes ce que
nous pensons. Tout ce que
nous sommes résulte de nos
pensées. Avec nos pensées,
nous bâtissons notre
monde. ”

Bouddha

La bonne valise

On est tous pareils : au départ en vacances, on surcharge ses bagages par peur d'oublier l'indispensable. Et on se plaint ensuite d'avoir mal au dos à force de les porter ! Voici une astuce précieuse pour n'emporter que des choses utiles : créez des ensembles avec les vêtements que vous souhaitez emporter, selon le nombre de jours. Puis, faites un tas et divisez-le par deux. Voici ce que vous porterez réellement !

5
OCTOBRE

☀ 7 h 55 ☀ 19 h 22

Ste Fleur

“N'ouvre la bouche
que si tu es sûr que ce que
tu vas dire est plus beau
que le silence.”

Proverbe arabe

Fixez-vous des objectifs clairs

Pour aller de l'avant, il faut viser juste : un projet clair, longuement mûri, est toujours plus facilement réalisable. Réfléchissez à vos aptitudes et vos lacunes pour vous diriger vers un but concret. Les critiques d'autrui seront plus profitables si vous êtes posé et déterminé.

6
OCTOBRE

7 h 57 · 19 h 20

St Bruno

“La vie est un spectacle, autant faire sa propre mise en scène.”

William Shakespeare

Une cure de raisin

Riche en potassium et pauvre en sodium, mais aussi plein de vitamines, le raisin est excellent pour commencer la saison d'un bon pied et vous débarrasser des toxines accumulées.

Comment faire ?

- Dans la semaine avant la cure, diminuez progressivement les protéines de votre alimentation.
- Puis, durant une journée entière, ne consommez que du raisin frais, sans limite. L'eau est à volonté aussi.

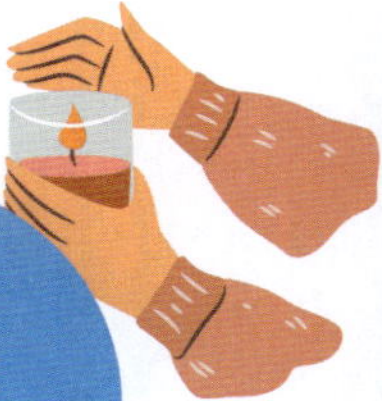

7

OCTOBRE

7 h 58 19 h 18

St Serge

“ L'esprit est difficile à maîtriser
et instable. Il court où il veut.
Il est bon de le dominer. L'esprit
dompté assure le bonheur. ”

Bouddha

Contre la fatigue intellectuelle

Pour combattre la fatigue intellectuelle, préférez les huiles essentielles stimulantes de tilleul, de verveine, de gingembre, de citron ou de pamplemousse.

Choisis bien tes mots,
car ce sont eux qui créent
le monde qui t'entoure.

Pensée navajo

Des bulles qui détendent

Faire des bulles avec votre enfant, ce n'est pas simplement amusant ! Observez avec lui les couleurs, les tailles et le déplacement de chaque bulle. L'effet relaxant est immédiat pour vous, et vous encouragez votre enfant à s'éveiller aux formes et aux couleurs !

9

OCTOBRE

8h01 19h14

St Denis

« C'est en trébuchant
qu'on apprend
à marcher. »

Proverbe bulgare

Débarrassez-vous de vos phobies !

Les phobies empoisonnent le quotidien. Il est donc urgent de s'en débarrasser. Si elles ne sont pas trop anciennes, vous pouvez travailler seul pour les combattre. Réfléchissez à leur origine et, plutôt que de céder, faites le contraire de ce qu'elles vous dictent. Envisagez les pires scénarios et méditez dessus : une bonne manière de relativiser au quotidien…

10
OCTOBRE

8h03 · 19h12

St Hugo

“Le présent n’est pas
un passé en puissance,
il est le moment du choix
et de l’action.”

Simone de Beauvoir

La détente par le chat !

Bonne nouvelle pour les fans de chats : les caresses que vous donnez à votre animal domestique préféré procureraient un effet identique à une séance de relaxation ou de massage ! Plus besoin de dépenser des mille et des cents dans votre salon de massage. Après une rude journée, blottissez-vous contre votre chat, écoutez-le ronronner et sentez votre corps tout entier se détendre.

11

OCTOBRE

☀ 8 h 04 🌥 19 h 10

St Firmin

« Qu'est-ce que le temps ?
Si personne ne me le demande,
je le sais ; mais si on me le demande
et que je veuille l'expliquer,
je ne le sais plus. »

Saint Augustin

Grâce aux lobes de l'oreille...

Une étude scientifique prouve qu'il est possible de calmer ses doutes et l'anxiété en se frottant ou se massant le lobe de l'oreille. En effet, stimuler les lobes de l'oreille aide à la circulation de l'énergie, donc à la relaxation. De plus, vous pouvez envisager l'acupuncture pour vous débarrasser de dépendances plus fortes, telles que la cigarette ou le chocolat !

12
OCTOBRE
8 h 06 19 h 08
St Wilfried

“ Le silence est la splendeur des forts. ”

Charles de Gaulle

Ne soyez pas perfectionniste !

Les perfectionnistes sont isolés car ils donnent toujours l'impression de se suffire à eux-mêmes, de se débrouiller, de n'avoir besoin de personne. Les perfectionnistes sont indécis car ils sont souvent incapables de choisir entre plusieurs propositions, tellement leur tête fume en essayant de dénicher la meilleure.
Le perfectionnisme rend très vulnérable et stressé, ne soyez pas perfectionniste !

13
OCTOBRE
8 h 07 19 h 06
St Géraud

« Tant de mains pour
transformer le monde,
et si peu de regards pour
le contempler. »

Julien Gracq

Gagnez en prestance

Vous avez une demande importante à faire ? Testez un exercice recommandé par les acteurs de cinéma : montez sur la pointe des pieds et tenez le plus longtemps possible en descendant tout doucement. Cela vous oblige à maintenir physiquement votre vigilance. Prendre conscience de votre présence dans l'espace renforce votre maintien, éclaircit votre voix et vous rend plus sûr de vous.

14
OCTOBRE

8h09 19h04

St Céleste

“ Seul l’arbre qui a subi
les assauts du vent est vraiment
vigoureux, car c’est dans cette
lutte que ses racines, mises
à l’épreuve, se fortifient. ”

Sénèque

Moutarde zen

Pour entretenir la bonne forme de votre coeur, saviez-vous que la moutarde est un précieux allié ? Consommée en sauce ou sous forme de farine, elle participe au bon fonctionnement du système cardiaque. Vous pouvez même vous préparer des infusions à partir de la farine de moutarde.

15

OCTOBRE

8 h 10 19 h 02

Ste Thérèse d'Avila

“ Ce que nous sommes
est le résultat de ce que
nous avons pensé. ”

Bouddha

Détendez vos muscles

Assis ou debout, maintenez votre bras gauche en tension et inspirez profondément. Bloquez la respiration en tenant la posture pendant une dizaine de secondes. Relâchez ensuite le bras en expirant profondément. Reproduisez le geste avec le bras droit, en prenant le temps de ressentir les muscles avant de relâcher. Continuez avec les deux jambes et bouclez l'exercice avec une tension de tout le corps. Que ressentez-vous ? Prenez le temps d'accueillir et d'accepter les sensations.

16
OCTOBRE

8 h 12 19 h 00

Ste Edwige

“ Les passions sont les vents
qui enflent les voiles du navire ;
elles le submergent parfois mais sans
elles, il ne pourrait voguer. ”

Voltaire

Déléguez !

Vous ne pouvez pas
tout faire, alors apprenez
à faire confiance !

17
OCTOBRE

☀ 8 h 13 ☀ 18 h 58

St Baudouin

“Quand la vie te donne
une centaine de raisons de pleurer,
montre-lui que tu en as mille
de sourire.”

Johnny Depp

Stop aux blocages

Pour lever les blocages énergétiques et apaiser rapidement les tensions accumulées dans le visage et la partie avant du corps, massez légèrement, pendant quelques minutes, le point situé au milieu du menton.

18

OCTOBRE

8 h 15 18 h 56

St Luc

“La chance est un hasard,
le bonheur est une vocation.”

Alexandru Vlahuta

Lorsque le sommeil ne vient pas

Si vous n'arrivez pas à trouver le sommeil tout de suite, ne vous agacez pas en répétant « Je veux dormir, je veux dormir ». Ne ruminez pas mais rallumez la lumière, allez boire un verre d'eau, mettez-vous une petite musique douce… Acceptez de ne pas arriver à dormir, ce n'est pas si dramatique si cela vous arrive occasionnellement.

19

OCTOBRE

8 h 16 — 18 h 54

St René

“ C'est en essayant encore
et encore que le singe apprend
à bondir. ”

Proverbe africain

Pour devenir léger

Imaginez que vous devenez
transparent, sans barrière de la
solidité de votre enveloppe corporelle.
Laissez ensuite tout ce qui crée
de la négativité passer à travers
vous, sans vous toucher, sans
se heurter contre vous.

« Croyez en vous-même,
en l'humanité, au succès de
vos entreprises. Ne craignez
rien ni personne. »

Baronne Staffe

A quelle heure travailler ?

Si vous en avez la possibilité, mettez en pratique ce concept qui soutient le pic d'efficacité. Il s'agit de trouver les meilleurs horaires qui correspondent au mieux à votre efficacité afin d'effectuer toutes vos tâches importantes à ce moment. Êtes-vous du matin, de l'après-midi ou du soir ?

21
OCTOBRE
8 h 20 18 h 50
Ste Céline

“ Lâchez prise.
Apprenez à suivre le flot
des changements qui surviennent.
Devenez plus flexible
et détendez-vous. ”

Bhante Henepola Gunaratana

La musique baroque

Les mouvements lents
de Haendel ou de Bach donnent
une sensation de stabilité,
de sécurité, d'ordre. Ils sont propices
à un environnement serein pour
des travaux intellectuels.

“L'échec est l'épice qui donne sa valeur à la réussite.”

Truman Capote

Oui aux graines germées !

Les graines germées sont de vraies fontaines de vitamines, de magnésium et d'oligo-éléments ! Consommées crues, elles sont très nutritives, savoureuses et excellentes pour la santé. Les graines d'épinard, de blé, de tournesol, de cresson, de lentille et de sésame sont les plus riches.

23
OCTOBRE

☀ 8 h 23 ☀ 18 h 47

St Jean de Capistran

“ Un ennemi acquis
sans effort, c'est un trésor
surgi dans la maison ; il doit
m'être cher, cet auxiliaire de
ma carrière spirituelle. ”

Proverbe populaire

Créez vos rituels porte-bonheur

Dès que vous le pouvez, faites de chaque situation un moment privilégié en vous concentrant pour créer un véritable instant de plénitude. Même vous brosser les dents peut devenir intense et porteur de joie : un peu de musique, des respirations lentes et conscientes, un bain de bouche fait maison... il suffit de le vouloir !

24
OCTOBRE
☀ 8 h 24 ☀ 18 h 45
St Florentin

“On peut fendre un rocher ;
on ne peut pas toujours
attendrir un cœur.”

Proverbe indien

Réveillez votre fluide vital

Réactivez votre énergie avec cet exercice simple à faire assis, le dos bien droit. Regardez votre main droite, paume face au visage. Étirez vos doigts vers l'arrière avec la main gauche, puis tendez votre bras pour l'étirer en entier. Renouvelez l'exercice 3 fois de chaque côté. Terminez en pressant vos mains l'une contre l'autre, doigts bien pointés vers le ciel.

25

OCTOBRE

8 h 26 18 h 43

St Crépin

“Il ne faut pas de tout
pour faire un monde.
Il faut du bonheur,
et rien d'autre.”

Paul Éluard

Bambou par-ci, par-là...

Le bambou, puissant symbole de longévité et de force de vie, est très populaire en Chine. Dans un logement, il améliore la chance et les ondes positives. Trois tiges attirent le bonheur ; cinq tiges, la santé ; sept tiges, la richesse. N'hésitez pas à mettre du bambou chez vous ou au bureau, il s'occupera du reste !

26

OCTOBRE

7 h 27 17 h 41

St Dimitri

“ Il y a plus de courage
que de talent dans la plupart
des réussites. ”

Félix Leclerc

Dites « je t'aime »

Aujourd'hui, dites à trois personnes que vous les aimez. Contactez-les et ouvrez votre coeur comme s'il ne vous restait pas beaucoup de temps à vivre. N'ayez pas honte de dire ce que vous ressentez vraiment, de dévoiler toutes vos émotions, de décrire tous vos ressentis. Vous serez bien étonné du bien-être que cela procure.

27

OCTOBRE

7 h 29 17 h 39

Ste Émeline

> Le bonheur ne consiste
> pas à acquérir et à jouir,
> mais à ne rien désirer,
> car il consiste à être libre.

Épictète

Faites retomber la pression

En période de stress, on n'arrive plus à respirer correctement, tant on court après le temps. Posez-vous deux minutes et faites un petit exercice de respiration. Déboutonnez votre pantalon, inspirez normalement et expirez l'air lentement, le plus longtemps possible, en prononçant un s appuyé. En respirant ainsi, vous allez éliminer les toxines contenues dans vos poumons et vous vous sentirez délesté d'un poids encombrant.

28
OCTOBRE

☀ 7 h 30 ☀ 17 h 38

St Jude, St Simon

“La vie est une bougie
dans le vent.”

Proverbe japonais

Le verre à moitié plein

Pensez à ce que vous avez plutôt qu'à ce qui vous manque. En voilà un bon précepte de vie qui mérite d'être mis en pratique quotidiennement.

29
OCTOBRE

7 h 32 17 h 36

St Narcisse

“ Si vous voulez dormir,
alors commencez à bâiller.
Dormir, c'est se désintéresser. ”

Henri Bergson

Mâchez de la mâche !

La mâche est une salade anti-fatigue et anti-stress. Très peu calorique et pleine de fibres, elle est riche en vitamine B9, qui favorise la détente musculaire et évite la fatigue, en vitamines C et E, en bêta-carotène, en fer et en oméga 3. La mâche est aussi bourrée de vertus antioxydantes si précieuses contre le vieillissement. À consommer sans modération à une seule condition : elle doit être bio !

30

OCTOBRE

☀ 7 h 34 ☀ 17 h 34

Ste Bienvenue

« Le passé est soldé,
le présent vous échappe,
songez à l'avenir. »

Duc de Lévis

N'interrompez pas

N'interrompez pas vos interlocuteurs, ne finissez pas les phrases à leur place, laissez-les toujours aller jusqu'au bout de leur propre pensée et s'exprimer à leur façon. Vos relations se retrouveront grandement améliorées. Les personnes de votre entourage se sentiront plus à l'aise en votre compagnie, écoutées, entendues et comprises.

“Ne travaillez pas
plus dur ; travaillez plus
intelligemment.”

Sagesse populaire

Cherchez d'abord à comprendre

S'efforcer tout d'abord de comprendre ce que l'autre veut dire est une stratégie sûre et rapide de rendre plus satisfaisants les contacts avec votre entourage. Cherchez à comprendre au lieu d'exiger qu'on vous comprenne. Sans cette qualité de la communication, vous ne pourrez pas établir des relations enrichissantes et positives.

1er NOVEMBRE

7 h 37 17 h 31

Toussaint

“Celui qui est le maître
de lui-même est plus grand
que celui qui est le maître
du monde.”

Bouddha

La nature dans les oreilles

En manque de bruits provenant de la nature ? Pas besoin de vous construire une cabane dans les arbres ! Procurez-vous des sons pré-enregistrés ayant pour thème l'eau (ruisseau, pluie, vagues) ou le chant des oiseaux. Mettez-vous dans une pièce tamisée pour écouter ces douces sonorités et respirez calmement.

2

NOVEMBRE

7 h 38 17 h 29

Défunts

« Tout effort est un crime,
parce que toute action
est un rêve paralysé. »

Fernando Pessoa

Soignez vos poignets

Si vous êtes souvent au volant, veillez à prendre soin de vos poignets. Voici un petit exercice simple et très efficace à effectuer pour prévenir les raideurs du poignet : commencez par allonger les bras vers l'avant, étirez ensuite tous vos doigts vers l'arrière en continuant à étirer les bras dans la direction opposée. Pour finir, secouez vos mains jointes l'une à l'autre en entrecroisant les doigts. Pensez-y lors des longs trajets en voiture !

“ L'homme se fait ; il n'est pas tout fait d'abord, il se fait en choisissant sa morale, et la pression des circonstances est telle qu'il ne peut pas ne pas en choisir une. ”

Jean-Paul Sartre

Oui au Tri

Incapables de trancher, on stocke
sans cesse et on finit par étouffer.
Les garde-robes, les tiroirs, les maisons
reflètent notre profonde inquiétude.
Si l'on se respectait davantage,
on refuserait d'être pollué par autant
de choses inutiles, on refuserait
la surconsommation.

4
NOVEMBRE
7 h 42 17 h 26
St Charles

« Ne rien livrer au hasard,
c'est économiser du travail. »

Antoine Albalat

L'estime de soi est gage de bonheur

Ne vous dévalorisez pas ! En apprenant à vous apprécier, vous prendrez la responsabilité de votre propre vie et vous verrez les difficultés disparaître d'elles-mêmes. Pour cultiver le bonheur, commencez par faire la liste de vos qualités et de vos succès. Le soir, en rentrant chez vous, repensez également à toutes les petites victoires de votre journée.

5

NOVEMBRE

7 h 43 · 17 h 24

Ste Sylvie

“Le meilleur
que nous puissions
attendre des hommes,
c'est l'oubli.”

François Mauriac

Une santé de fer !

Le fer est essentiel pour la formation de globules rouges et le transport de l'oxygène dans notre sang. L'absorption de cet oligo-élément est facilitée par l'apport journalier en vitamine C. Mais heureusement, il n'y a pas que le steak saignant pour nourrir votre corps en fer !

Par exemple, variez votre alimentation en consommant des légumes secs. Un délicieux houmous préparé à base de pois chiches mixés, d'un poivron et assaisonné d'une cuillerée d'huile d'olive contient plus de vitamine C que la plupart des agrumes. Attention aux idées reçues ! Les épinards ont une faible teneur en fer et les acides qu'ils contiennent en bloquent l'assimilation !

6

NOVEMBRE

☀ 7 h 45 ☀ 17 h 23

St Léonard

“ L’émotion est ce moment
où l’acier rencontre une pierre
et en fait jaillir une étincelle car
l’émotion est la source principale
de toute prise de conscience.
Point de passage de l’obscurité
à la lumière, de l’inertie au
mouvement sans émotion. ”

Carl Gustav Jung

Les bienfaits du thé

Prendre un thé chaque matin, c'est s'assurer un bon taux d'antioxydants et de vitamines A, C et E. Ces éléments permettent de lutter à chaque instant contre les agressions du stress, de la pollution et du temps. Le fait que de plus en plus de marques de cosmétique incluent du thé dans leurs produits n'est pas anodin... D'ailleurs, saviez-vous que le thé blanc a longtemps été un plaisir réservé aux empereurs chinois ?

7

NOVEMBRE

7 h 46 17 h 21

Ste Karine

“ Un homme qui ne
marche pas ne laisse
pas de traces. ”

Georges Wolinski

Choisir la simplicité

Être zen nous invite à faire
taire l'ego pour laisser parler le soi.
Dans tous les domaines de la vie,
choisir la simplicité, c'est choisir
la liberté.

8

NOVEMBRE

☀ 7 h 48 ☀ 17 h 20

St Geoffroy

« Se connaître soi-même,
c'est s'oublier. S'oublier soi-même,
c'est s'ouvrir à toute chose. »

Dôgen

Bye-bye toxines !

Afin d'éliminer les toxines,
versez dans votre bain un mélange
de 15 ml d'huile végétale de sésame
et de 6 gouttes d'huiles essentielles :
2 gouttes de niaouli, 2 gouttes de santal
et 2 gouttes d'eucalyptus.

“ Tout s’anéantit, tout périt,
tout passe : il n’y a que
le monde qui reste, il n’y a
que le temps qui dure. ”

Denis Diderot

Stress et chute des cheveux

Le stress est aussi un facteur qui peut entraîner la perte des cheveux. Une cure de magnésium vous évitera ce type de souci, le magnésium étant un régulateur naturel de l'excitabilité nerveuse. Notez que l'eau d'Hépar en est très riche ! Il est important de vous offrir de vrais moments de détente.

10
NOVEMBRE

7 h 51 17 h 17

St Léon

“ Il est temps de vivre
la vie que tu t'es imaginée. ”

Henry James

Le shiatsu : une thérapie manuelle

Pas toujours nécessaire
de vous jeter sur les médicaments,
offrez-vous quelques séances de shiatsu.
D'origine japonaise, cette thérapie manuelle
est basée sur la pression des pouces sur
divers endroits de votre corps. Méthode
à la fois décontractante, énergisante
et soulageante.

11

NOVEMBRE

7 h 53 17 h 16

Armistice 1918

“ Le sommeil est l'aliment suprême du festin de la vie. ”

William Shakespeare

Stop aux crampes

Pour décontracter le mollet,
serrez le muscle fermement
en l'écartant de l'os et pétrissez-le
énergiquement avec vos deux mains.
Relâchez. Puis, effectuez un doux
massage pour calmer
les tissus.

“Pour comprendre
les hommes, il faut comprendre
la différence qui existe entre
les hommes.”

Montesquieu

Soyez modeste

Humilité et tranquillité d'esprit marchent main dans la main. Moins vous vous sentirez obligé de parader, plus ce sera simple et facile d'être en paix avec vous-même et avec les autres. Vouloir à tout prix prouver votre valeur est un piège dangereux de l'ego car vous n'obtiendrez jamais satisfaction. La vraie et la seule reconnaissance valable est celle qui émane de l'intérieur de votre être.

13

NOVEMBRE

☀ 7 h 56 ☀ 17 h 13

St Brice

“ Il y a des fleurs partout
pour qui veut bien les voir. ”

Henri Matisse

Marchez en arrière

Pour tester sa mobilité dans l'espace et la coordination de ses mouvements, on essaie de marcher en arrière. On prête plus attention à son corps et à l'espace qui nous entoure, si bien que l'on travaille sa confiance et ses réflexes. Un exercice ludique et enrichissant.

14
NOVEMBRE

7 h 57 17 h 12

St Sidoine

“ Si vous n’essayez jamais,
vous ne réussirez jamais, mais
si vous essayez, vous risquez
de vous étonner vous-même. ”

Lama Thubten Yeshe

Chaque jour une personne à aimer !

Vous connaissez le vieux dicton « Une pomme par jour chasse le médecin ». On vous dira « Une pensée d'amour par jour chasse tout ressentiment » ! Efforcez-vous tous les matins d'avoir une pensée d'amour pour quelque chose de différent : une personne, un animal, une plante, tout l'univers mérite d'être aimé.

15
NOVEMBRE

7h59 17h11

St Albert

“ Avoir un but trace la vie. ”

Lao Tseu

Accordez-vous de bons moments

Même si vous avez des enfants, donc de très nombreuses responsabilités, ne rentrez pas en courant à la maison après le boulot. Mais donnez-vous le temps, idéalement 3 fois par semaine, de faire quelque chose qui vous fait du bien : une séance de cinéma, une balade au parc, une petite virée shopping… Vous serez rechargé et prêt à passer une belle soirée. Oui, c'est possible avec un peu d'organisation !

16

NOVEMBRE

8 h 01 17 h 10

Ste Marguerite

“ C'est en ayant tué
la colère qu'on peut dormir
en paix. ”

Bouddha

Connaissez-vous le balayage anti-stress ?

C'est un petit exercice qui calmera les personnes stressées : stimulez le centre du front (à la naissance des cheveux) avec le bout de vos doigts. Faites-les descendre doucement sur les côtés, jusqu'aux oreilles, toujours en suivant la racine des cheveux. Reproduisez le mouvement plusieurs fois en synchronisant votre respiration à la lenteur de vos mouvements. Puis, vous pouvez vous occuper de la même manière des paupières, du point entre les sourcils, des joues, du menton et du cou.

17
NOVEMBRE

8 h 02 17 h 08

Ste Élisabeth

> « Au milieu de toute
> difficulté se trouve cachée
> une opportunité. »

Albert Einstein

Le désintéressement

Un des principaux buts de la vie spirituelle et une des conditions absolues de la sérénité est de développer un amour désintéressé envers tout. Le gros problème, c'est qu'il est vraiment très difficile d'aimer quelqu'un gratuitement. Afin de développer cette qualité de manière progressive, vous pouvez commencer par aimer une plante car elle pourra moins vous décevoir qu'un être humain, voire un animal. Petit à petit, vous chercherez à accepter les autres tels qu'ils sont.

18

NOVEMBRE

8 h 04 17 h 07

Ste Aude

« La joie est en tout,
il faut savoir l'extraire. »

Confucius

Journal de stress

Aucun manuel pour lutter contre le stress ne vous a convaincu ? Pensez à tenir un journal de stress dans lequel vous noterez toutes les choses ou situations qui vous énervent et vous angoissent. D'une, vous serez soulagé de coucher votre stress sur papier et de deux, vous pourrez repérer plus facilement ce qui vous atteint et donc agir plus facilement dessus.

19

NOVEMBRE

8 h 05 17 h 06

St Tanguy

“ Ce qui te manque,
cherche-le dans
ce que tu as. ”

Proverbe zen

La vie, c'est bref !

Vous avez la chance d'être vivant. Si vous avez envie de réaliser la valeur de votre existence, n'oubliez jamais que votre vie n'est pas éternelle ! Ceci vous permettra d'avancer dans l'instant présent et de rendre vos moments encore plus précieux, de les voir tels qu'ils sont : uniques.

20

NOVEMBRE

8h07 17h05

St Edmond

“Il est toujours trop tôt
pour abandonner.”

Norman Vincent Peale

Bye-bye le passé !

Si des émotions et des souvenirs douloureux vous guettent, écrivez tout ce qui vous passe par la tête sur une feuille. Videz votre sac en racontant tous les détails de ce qui vous tracasse. Puis, brûlez la feuille ou prenez le temps de la déchirer morceau par morceau. La purification sera puissante…

21

NOVEMBRE

8 h 08 17 h 04

Présentation de la Vierge Marie

“ Nous devons apprendre
à vivre ensemble comme
des frères, sinon nous allons
mourir tous ensemble
comme des idiots. ”

Martin Luther King

Pour tordre le cou de l'ego

Une manière assez « facile » pour faire taire l'ego, même si c'est une des tâches les plus difficiles, c'est de rendre service à quelqu'un sans le dire à personne. En d'autres mots, faire du bien en secret. Ne pas espérer de la reconnaissance est une très bonne façon d'en finir avec l'ego et ses travers.

22
NOVEMBRE

8 h 10 17 h 03

Ste Cécile

« La vie, c'est 10 % ce que vous en faites et 90 % votre façon de la prendre. »

Irving Berlin

Bonne digestion

Avoir une bonne digestion est primordiale pour votre bien-être général. Pensez à assaisonner vos plats avec un peu de jus de citron ou du vinaigre. Vos intestins vous diront merci !

23

NOVEMBRE

8 h 11 – 17 h 02

St Clément

“ Il est toujours possible
d’unir les uns aux autres par
les liens de l’amour une plus grande
masse d’hommes, à la seule condition
qu’il en reste d’autres en dehors
d’elle pour recevoir les coups. ”

Sigmund Freud

Votre gel douche maison

Dans une noisette de gel douche neutre, ajoutez 2 gouttes d'huile essentielle de bergamote et une de genièvre. Cet assortiment de soins détente vous aidera à bien démarrer une journée qui s'annonce chargée.

24

NOVEMBRE

8 h 13 · 17 h 01

Ste Flora

“Ferme les yeux
et tu verras clair en toi.”

Proverbe oriental

Avancez à votre rythme

Il est essentiel d'avoir des objectifs. Cependant, prenez le temps de les atteindre sereinement : on ne gravit pas le mont Everest en courant ! Faites des pauses régulières. De la simple promenade au week-end à la campagne, se ressourcer de temps en temps est essentiel pour avancer !

25

NOVEMBRE

8 h 14 17 h 01

Ste Catherine

« Il n'y a personne qui soit
né sous une mauvaise étoile,
il n'y a que des gens qui
ne savent pas lire le ciel. »

Proverbe zen

Ravivez les passions

Pour vous sentir mieux, fixez-vous l'objectif de réaliser de petits rêves. Par exemple, régalez-vous dans ce restaurant qui vous fait envie depuis si longtemps. Osez ensuite accomplir d'anciens petits projets qui vous tiennent toujours à coeur. Puis, commencez une activité qui vous fera du bien.

« La vie serait impossible si l'on se souvenait, le tout est de choisir ce qu'on doit oublier. »

Roger Martin du Gard

Le maquereau

Ce poisson se doit de réapparaître dans votre assiette ! Bon marché et facile à trouver toute l'année, il contient des oméga-3, des protéines, du phosphore, du magnésium et du sélénium. Comment le déguster ? Grillé au four à 240 °C pendant 15 minutes et servi avec une concassée de tomates au persil. Pas de chichi, c'est facile à faire et c'est délicieux !

27

NOVEMBRE

8 h 17 16 h 59

St Virgile

« Le vrai bonheur ne dépend
d'aucun être, d'aucun objet extérieur.
Il ne dépend que de nous... »

Proverbe zen

Leau, cest la vie !

Oui, il faut boire régulièrement. Surtout le matin, pour compenser la sécheresse de la nuit, puis un litre et demi par petites gorgées tout au long de la journée. On vous conseille d'éviter les eaux gazeuses qui stockent le sel. Mais vous pouvez vous régaler avec un bon thé ou un café sans sucre.

28
NOVEMBRE

☀ 8 h 18 ☀ 16 h 58

St Jacques de la Marche

> Ne blâme pas Dieu d'avoir
> créé le tigre, mais remercie-le
> de ne pas lui avoir donné
> d'ailes.

Proverbe indien

Baisse de moral : le réflexe millepertuis

Le millepertuis peut se révéler très utile pour rebooster le moral ! Selon de nombreux médecins, les médicaments tirés de cette plante pourraient très bien remplacer certains antidépresseurs modernes. Mais avant de commencer une cure de 15 jours, sachez que le millepertuis peut réduire l'effet de certains anticoagulants, anticonvulsifs et contraceptifs. Renseignez-vous auprès de votre pharmacien ou de votre médecin.

29

NOVEMBRE

☀ 8 h 19 ☀ 16 h 58

St Saturnin

“ Avoir un ennui,
c’est recevoir une grâce ;
être heureux, c’est être
mis à l’épreuve. ”

Zenrin Kushu

Voyez autrement les problèmes

Les obstacles sont toujours là, ils font partie de la vie. Le vrai bonheur ne se produit pas lorsque vous vous débarrassez de tous vos soucis, mais quand vous changez votre rapport aux problèmes, et que vous réussissez enfin à les considérer comme des moyens d'apprendre aussi bien la patience que l'humilité ou la sérénité.

30

NOVEMBRE

8 h 21 — 16 h 57

St André

“ On mène sa vie sous
la pression d'une existence
que bien peu d'entre nous
peuvent se féliciter
d'avoir choisie. ”

Alexandre Millon

Qu'est-ce que le malheur ?

Le malheur n'est rien d'autre que le résultat vain de notre lutte contre le cours naturel des choses. Que ce soit l'envie de prolonger les instants heureux ou de raccourcir les moments de douleur, aller contre la vie crée forcément des désillusions. Apprenez à accepter l'alternance des choses, à vivre avec l'alternance de la vie.

1er
DÉCEMBRE
8 h 22 16 h 57
Ste Florence, St Éloi

“ Ne te presse pas :
cela oppresse. ”

Claude Roy

Laissez parler vos émotions

Il est inutile et nuisible de garder
vos émotions fortes à l'intérieur.
Par exemple, si vous enfermez le stress
en vous, il vous envahira et vous rongera
sournoisement. Alors, pleurez ou hurlez
s'il le faut. Lorsque la crise sera passée,
vous vous sentirez léger et apaisé.

« Nul besoin de temples,
nul besoin de philosophies
compliquées. Notre cerveau
et notre cœur sont
nos temples. »

Proverbe zen

Les 3 règles essentielles pour se remettre au sport

- Primo, il faut choisir un sport adapté à votre physique, c'est-à-dire à votre morphologie, à votre âge et à votre état de santé.
- Deuzio, se fixer un objectif atteignable et raisonnable. Ne pensez pas que dès votre première semaine de sport, vous allez exceller et perdre 2 kilos d'un coup ! Il faut simplement y aller doucement mais sûrement, cela évitera découragement et lassitude.
- Tertio, vous mettre en tête que si vous décidez de faire du sport, il va falloir être assidu, donc régulier et sérieux. Par conséquent, ne plus vous dire que le mardi soir sera réservé à votre série préférée mais bien à la nouvelle activité qui va changer votre vie !

3
DÉCEMBRE
8 h 25 – 16 h 56
St François-Xavier

“Ne désirer que
ce qu'on a, c'est avoir tout
ce qu'on désire.”

P. -J. Chardin

Pas de boule de neige mentale

Avez-vous déjà remarqué comme vous
vous sentez tendu lorsque vous réfléchissez ?
Les pensées qui galopent les unes après les autres,
sans repos ni relâche ? Le souci est que plus vous
examinerez de près une situation conflictuelle
à vos yeux, plus vous vous transformerez en
véritable pelote de nerfs. Dans ces moments
il est très important de prendre conscience
de la rapidité avec laquelle vos pensées
négatives sont capables de s'emballer...
et de prendre du recul.

4

DÉCEMBRE

8h26 16h55

Ste Barbara, Ste Barbe

“ Demeurer immobile,
à écouter… c'est la tranquillité
de l'axe au centre
de la roue… ”

Charles Morgan

Faites confiance à votre intuition

Écouter son intuition revient à obéir à cette petite voix intérieure qui nous conseille de faire telle chose ou, au contraire, de ralentir et ne pas se lancer tête baissée dans une nouvelle aventure périlleuse. Même si votre instinct ne vous paraît pas forcément rationnel, écoutez-le : il est bien souvent de meilleur conseil qu'on ne le pense !

“Le projet est le brouillon
de l'avenir. Parfois, il faut
à l'avenir des centaines
de brouillons.”

Jules Renard

Maquereau aux pommes

Comme tous les poissons gras, le maquereau est riche en oméga-3 qui ont fait leurs preuves sur le système nerveux, les troubles de l'humeur et le vieillissement du cerveau.

- Nettoyez 8 maquereaux et enlevez-leur l'arête centrale. Badigeonnez-les avec de l'huile d'olive, salez, poivrez et faites-les cuire sous le grill du four.
- Nettoyez 6 pommes, coupez-les en tranches épaisses et faites-les revenir dans du beurre.
- Servez les maquereaux accompagnés des pommes et d'une purée de pommes de terre.

6

DÉCEMBRE

8 h 28 16 h 55

St Nicolas

“ Il n’y a personne qui fasse
un sacrifice sans en espérer
une compensation. Tout est
une question de marché. ”

Cesare Pavese

Tenez-vous droit

C'est important d'avoir une bonne assise pour ne pas souffrir de douleurs dorsales. Pour ce faire, asseyez-vous toujours bien droit au fond de votre siège et veillez à ce que vos genoux et coudes soient perpendiculaires. Ainsi, vous éviterez également les tensions dans votre nuque.

7

DÉCEMBRE

☀ 8h29 ☀ 16h54

St Ambroise

“Tu dois vivre dans le présent, te lancer au-devant de chaque vague, trouver ton éternité à chaque instant.”

Henry David Thoreau

L'huile essentielle de pin sylvestre

Le pin sylvestre est reconnu pour ses propriétés antiseptiques. Il est également utilisé pour lutter contre les problèmes respiratoires. Versez-en 2-3 gouttes dans une cuillère à café d'huile végétale, puis massez-vous la poitrine et demandez à un proche de vous masser le dos. Vous retrouverez une respiration facilitée, ainsi qu'un tonus vivifié.

8

DÉCEMBRE

☀ 8 h 30 ☀ 16 h 54

Immaculée Conception

« Le bonheur c'est lorsque vos actes sont en accord avec vos paroles. »

Gandhi

Plein de vitamines

Organisez-vous : courgettes, carottes, haricots verts, épinards,… coupez-les, mettez-les dans des sachets et hop, au congélateur. Ils seront prêts pour les jours où vous n'aurez pas le temps (ou l'envie) de cuisiner. Plus aucune excuse pour vous jeter sur les plats préparés, souvent très gras et caloriques.

9

DÉCEMBRE

8h32 16h54

St Pierre Fourier

« Le bonheur est une petite chose que l'on grignote, assis par terre, au soleil. »

Jean Giraudoux

Apprendre à connaître ses voisins

Dans les grandes villes, les gens ont tendance à ne pas parler à leurs voisins. Ainsi, lorsque vous emménagez, n'hésitez pas à organiser une petite soirée ou un goûter. Vous saurez qui sont vos voisins et vous vous sentirez immédiatement bien à votre nouvelle adresse ! Et par la suite, si vous les connaissez, vous pourrez compter sur eux en cas de besoin.

10

DÉCEMBRE

8 h 33 — 16 h 54

Ste Eulalie

“ Faire rire, c'est faire oublier.
Quel bienfaiteur sur la Terre
qu'un distributeur d'oubli ! ”

Victor Hugo

Privilégiez les probiotiques

Ces microscopiques organismes vivants améliorent la digestion et le transit intestinal. Ils préviennent aussi les infections hivernales, renforcent le système immunitaire et agissent comme une barrière de protection contre les allergies alimentaires. Si vous commencez à en prendre, il faut le faire dans la durée car leurs effets cessent dès que l'on arrête d'en consommer.

“La vie est un mystère
qu'il faut vivre, et non un
problème à résoudre.”

Gandhi

Connaissez-vous la pressothérapie ?

La pressothérapie permet d'éliminer les toxines de son corps, stimuler la circulation sanguine et affiner ses jambes. Des bottes de vinyle, qui enveloppent les jambes et permettent des pressions régulières, vous masseront tandis que vous vous reposerez, confortablement installé dans un fauteuil...

12

DÉCEMBRE

8 h 34 – 16 h 54

St Corentin

“Nous sommes si peu capables d'effort pour comprendre les autres.”

Jules Renard

Les situations stressantes

Tout d'abord, réfléchissez aux raisons pour lesquelles ces mêmes situations vous perturbent. Vous devriez souvent conclure que c'est parce qu'elles relèvent d'objectifs ou de désirs très importants pour vous et votre vie. Identifier ces raisons élimine une grande partie des tensions.

13
DÉCEMBRE
8h35 16h54
Ste Lucie

« Sourire trois fois tous les jours rend inutile tout médicament. »

Proverbe chinois

Approfondissez vos découvertes

Prenez le temps de creuser les sujets qui vous passionnent. Si vous avez repéré un tableau ou une chanson qui vous plaît, renseignez-vous sur l'artiste, sa vie, ses influences, ses autres œuvres… Si vous avez vu un reportage sur un pays ou un événement historique intéressant, complétez vos recherches sur Internet. Laissez-vous griser par le plaisir des explorateurs.

14

DÉCEMBRE

8 h 36 — 16 h 54

Ste Odile

“Le véritable voyage
de découverte ne consiste
pas à chercher de nouveaux
paysages, mais à avoir
de nouveaux yeux.”

Marcel Proust

Préservez votre santé !

Lorsque le stress est chronique,
il crée un affaiblissement du système immunitaire, une inflammation des intestins, une augmentation des dépressions ou des maladies cardio-vasculaires. Rien que ça ! Apprendre à le réguler permet alors non seulement de se sentir mieux mais également de préserver sa santé.

15

DÉCEMBRE

8 h 37 16 h 54

Ste Ninon

La perfection n'est pas atteignable. Mais visez la perfection, car en échouant vous atteindrez l'excellence.

Vince Lombardi

Encens apaisant

Santal, lavande, cèdre,
ylang-ylang, néroli, rose, vanille…
vous avez le choix pour parfumer
délicatement votre maison
et votre âme.

“Il faut toujours se réserver
le droit de rire le lendemain
de ses idées de la veille.”

Napoléon Bonaparte

La nature a tellement à nous apprendre

Observez une plante, une fleur ou n'importe quel animal. Constatez comment ils sont dans l'acceptation du présent et de l'être. Se posent-ils des questions ? Vivent-ils dans l'angoisse, dans le stress inutile ? Non. Ils sont là, dans la vie. Ils sont vrais, ils vivent chaque instant.

17

DÉCEMBRE

8 h 39 16 h 54

St Gaël

“ Le plus grand plaisir
de la vie est de réaliser ce que
les autres vous pensent
incapable de réaliser. ”

Walter Bagehot

Maintenez un bon équilibre

Pour cela, il est important de mesurer votre niveau de stress afin qu'il ne devienne pas paralysant, chronique et néfaste pour vous. Deux à trois fois par jour, posez-vous la question « À quel point suis-je stressé, sur une échelle de 1 à 10 ? » Vous arriverez ainsi à mieux vous connaître.

18

DÉCEMBRE

☀ 8 h 39 ☀ 16 h 55

St Gatien

“ Le plaisir est le bonheur
des fous. Le bonheur est
le plaisir des sages. ”

Barbey d'Aurevilly

En êtes-vous capable ?

Si vous parvenez à apprécier
de manière désintéressée les objets
et les gens, le monde qui vous entoure
prendra vie et formes de façon bien
différente de celle que le mental
a l'habitude de percevoir.

“Pour moi il n'y a que d'heureux présages, car quoi qu'il arrive, il dépend de moi d'en tirer du bien.”

Epictète

Mettez de la vie dans votre quotidien

Vous n'êtes pas esclave de votre travail. Retenez bien cette phrase : vous n'êtes pas esclave de votre travail ! C'est un moyen d'avoir une belle vie mais il ne doit pas vous rendre esclave. Votre vie personnelle doit nourrir votre vie professionnelle et pas l'inverse. Donc, qu'attendez-vous pour vous faire plaisir ?

20

DÉCEMBRE

8 h 41 16 h 56

St Isaac

“Ne sous-estime jamais tes capacités.”

Quentin Boulay

Etes-vous réveillé ?

Êtes-vous assez réveillé pour voir la beauté que la nature nous offre ? Êtes-vous capable de saisir l'immensité de la mer, de contempler les nuages, d'admirer une fleur, de vous unir avec les arbres ? Pouvez-vous suivre le vol d'un oiseau ou comprendre le travail d'une fourmi ? Savez-vous raconter leur histoire, décrire leur beauté ? Essayez, vous constaterez la magie de la vie dans toute sa splendeur. Un spectacle époustouflant.

21

DÉCEMBRE

8 h 41 — 16 h 56

Hiver • St Pierre Canisius

« La vraie générosité envers l'avenir consiste à tout donner au présent. »

Albert Camus

Croire en soi

Pour augmenter votre capacité à croire en vous-même, tout en vous sentant fort, apprenez à soutenir le regard des autres. À partir d'aujourd'hui, dites-vous que vous ne baisserez plus les yeux, vous n'allez plus jamais fuir. Au contraire, en soutenant le regard de la personne en face, vous n'allez pas devenir invisible, mais vous vous ouvrirez de manière directe et amicale.

22
DÉCEMBRE

☀ 8 h 42 ☀ 16 h 56

Ste Françoise-Xavière

“ La seule façon de faire
du bon travail est d'aimer
ce que vous faites. Si vous n'avez
pas encore trouvé, continuez
à chercher. ”

Steve Jobs

Support de méditation

Prenez un moment pour méditer sur les questions existentielles de la vie : que faites-vous sur Terre, quel est votre rôle ici ? Quelle est votre place dans l'Univers ? Que pouvez-vous faire aujourd'hui pour la planète et pour autrui ? Quel est le sens de votre existence ? Sans stress, inspirez et expirez tranquillement plusieurs fois. Quelques minutes de réflexion suffiront pour vous rebooster et vous permettre de revenir à l'essentiel.

« Tous admirent le paon.
Alors les oiseaux disent :
Mais regardez ses pattes,
et écoutez sa voix ! »

Proverbe japonais

Du temps pour les amis

À cause du stress, on a tendance à vouloir rester chez soi, ne plus voir personne et se renfermer sur soi-même. Pour aller de l'avant, il faut passer du temps avec vos proches. Cela vous permettra de partager vos inquiétudes, vos craintes et de penser à autre chose. Ainsi, vous relativiserez et prendrez du recul.

24
DÉCEMBRE
8 h 43 16 h 58
Ste Adèle

“Le bonheur est possible
et il vaut mieux aller à sa rencontre
qu'en écouter le récit.”

Christophe André

Un cocktail qui sent Noël

Voici un cocktail simple et savoureux à servir pendant les fêtes : mélangez dans un shaker un peu de glace, un peu de jus de mangue et la même quantité de liqueur aux fruits. Filtrez la préparation et versez dans des flûtes. Ajoutez, avant de déguster, un peu de champagne pour rendre la fête encore plus folle !

« Tous les hommes pensent
que le bonheur se trouve au sommet
de la montagne alors qu'il réside
dans la façon de la gravir. »

Confucius

Redevenez un enfant

Lâchez la pression et amusez-vous en vous défoulant : faites des grimaces avec vos enfants (fous rires garantis), finissez la boîte de biscuits au chocolat, sautez à l'élastique, grimpez aux arbres, coloriez comme lorsque vous aviez 6 ans. Se remémorer l'enfance et ses joies fait un bien fou au moral et rebooste pour affronter le présent.

26

DÉCEMBRE

8 h 43 16 h 59

St Étienne

« Ce que l'on apprend
par l'effort reste toujours
ancré plus longtemps. »

Luc Lecompte

Le thé bienfaisant

Le thé vert apporte de nombreux bienfaits thérapeutiques. Excellent fournisseur en fer, en oligo-éléments et en vitamines, le thé vert renforce les défenses naturelles. Très riche en eau, il participe à l'élimination des toxines. Il permet aussi de lutter contre le vieillissement et les différentes maladies cardio vasculaires.

27
DÉCEMBRE

8h44 17h00

St Jean

“Il ne faut pas mépriser
l’homme si l’on veut obtenir
des autres et de soi
de grands efforts.”

Alexis de Tocqueville

Pas trop de sport sil vous plaît

Pratiquer du sport à très haute dose peut devenir une drogue. Au lieu de vous déstresser, cette pratique excessive va créer l'effet inverse. La grande fatigue peut être ressentie comme une menace par le cerveau et le corps interprétera ceci comme un stress intense… Donc, écoutez-vous, avant tout !

“On ne peut pas chasser
le brouillard avec
un éventail.”

Proverbe japonais

De bonne humeur !

Pour rester de bonne humeur
toute la journée, n'hésitez pas
à passer deux tomates et deux carottes
à la centrifugeuse. Mélangez le tout
et servez avec du jus de citron.
Ce jus vous aidera à garder
votre humeur au beau fixe.

29
DÉCEMBRE
8 h 44 17 h 01
St David

« Il faut avoir une conviction totale dans son propre chemin spirituel, alliée à un respect parfait envers les autres vérités. »

Proverbe zen

L'essentiel est dans l'huile

Savez-vous qu'une simple
odeur permet de vous détendre
et d'atténuer votre nervosité ? Versez
dans un brûle-parfum quelques gouttes
d'huile essentielle d'ylang-ylang ou bien
de la lavande d'Angustifolia afin de
vous relaxer et de réduire vos angoisses.
N'hésitez pas à le mettre dans votre
chambre afin de bien dormir.

30
DÉCEMBRE

☀ 8 h 44 ☀ 17 h 02

St Roger

“L’imagination
est plus importante
que le savoir.”

Albert Einstein

Les vertus bienfaisantes de la nature

Vous sentez le stress monter en vous ? Vous ne savez plus quoi faire pour le canaliser ? Sortez de chez vous et partez faire une petite balade dans la nature. Profitez de la beauté qu'offre Mère Nature, connectez-vous avec elle et relaxez-vous.

31

DÉCEMBRE

8 h 44 17 h 03

St Sylvestre

“ L’optimiste ne refuse
jamais de voir le côté négatif
des choses ; il refuse simplement
de s’attarder dessus. ”

Alexandre Lockhart